D1690271

KLECKS VERLAG

Ina Kamikaze

Im freien Fall

Wagnis Leben

Erzählung

Ina Kamikaze

Im freien Fall
Wagnis Leben

Erzählung

Inhalt

Vorwort 9
Kapitel 1 10
Kapitel 2 oder
»Was ich eigentlich hoffte,
nie schreiben zu müssen.« 100
Kapitel 3 115
Ab zur Entgiftung – Therapie – Erlebnisbericht 123
Kapitel 4: Das Ende. 132
Die Rose 139
Nachwort! 145

VORWORT

Rohmanuskript ›Im freien Fall‹ von Ina Kamikaze.

Ein Leben als Kind-Frau durch Himmel und Hölle. »Am Anfang stand meist das Wort Liebe und am Ende blankes Entsetzen und vor allem Haltlosigkeit.«

Dieses Buch ist allen gewidmet, die den Glauben an das Gute trotz allem Wahnsinn sich bewahren wollen und ›überleben‹.

Ein Buch über Leidenschaften, Diskriminierung in unserer Gesellschaft, die schnell richtet und nur schwer verzeiht.

Kindlicher Missbrauch – Amtsschimmel wie Knüppel – Männer – Macht – Gewalt – Prostitution – und vor allem ›Drogen‹!

Es erzählt knallhart und ehrlich, wie vorprogrammiert und sinnlos Menschen in Sucht und Haltlosigkeit gestürzt werden können. Und es soll Mut machen, doch noch den Absprung zu finden, auch wenn alles noch so hoffnungslos erscheint.

Gewidmet ist es auch all jenen, die es leider nicht mehr schafften und das waren viel zu viele.

Kapitel 1

Sitze da und lese in der Zeitung: ›Wieder ein Drogenopfer‹. Für die Statistik heißt das ›nur einer mehr‹. Für mich heißt das aber, Hilflosigkeit in der Erkenntnis, das hättest auch du sein können. Du selbst, und dabei müssen dir deine Liebsten machtlos zusehen können. Doch niemand wundert sich darüber, fragt nach dem Warum. Selber Schuld. Selber Schuld, warum? Nein. Mir war saukalt und schon so oft nur noch nach Tod und endlich alles vorbei, dass mich so etwas Sinnloses zutiefst berührt. Denke an mein eigenes Leben und wie viel Glück ich doch hatte in meinem oft elendigen Dasein.

Ich fange ganz weit vorne an, wurde geboren, um zu sterben und habe doch überlebt. Hatte mich selbst mit der Nabelschnur stranguliert. Zwar erst nach einigen heißen und kalten Bädern, doch ich war wieder da. Ein von Vornherein zu heiß gebadetes Kind. Und so ging es weiter. Kindheit: bis sieben Jahre als geborgenes Nesthäkchen, drei Geschwister.

Dann kam der erste Horror, der mich nie mehr losließ. Seit ich vier war, arbeitete meine Mutter halbtags, die Nachbarin war meine Tagesmutter. Unser Nachbar angesehen und kinderlieb. Beim Essen Streiche, Sachen, Herzlichkeit. Doch kaum war seine Frau aus dem Haus, lockte er mich zu sich. Machte mir Angst, dass ich in ein Heim komme, sollte ich je verraten, was er mit mir mache. ICH sollte bestraft werden und ich glaubte das, weil es ja sicher nicht richtig war, was geschah. Eingeschüchtert wehrte ich mich nicht. Er nahm mich mit in seine Werkstatt oder mit in den Keller. Dort angekommen wurde ich befingert, musste ihn anfassen, dabei Alkohol – meist Cognac – trinken und er drückte mir sein Ding in den Hals, bis ich fast kotzen musste, dabei noch Pornofilme nebenher anschauen. Stets starr und angewidert vor Angst und Ekel. Dieser Geruch von Mann, Schweiß und Alkohol schnürt mir bis heute die Kehle zu und ich rieche dasselbe wie damals. Und es wurde immer öfter, und schlimmer. Seit ich etwa 11 war, holte er sich alles von mir. Meine Jungfernschaft und mein Leben, als glückliche Frau jemals wirklich etwas empfinden zu können, so empfand ich damals. Musste ihm sogar meine Freundinnen mitbringen, und auch an denen verging er sich teilweise.

Zu der Zeit starb meine Mutter nach einwöchiger Krankheit, was die Familie zusammen rücken ließ. Dachte ich, doch das war für mich ein Trugschluss. Wurde nach der Beerdigung zu meiner Oma, Onkel, Tante und drei Cousins gebracht, um mich zu erholen, dort vergewaltigte mich mein siebzehnjähriger Cousin, während Melanis ›Ruby Tuesday‹, haute ab und wurde von der Polizei aufgegriffen und nach Hause zurückgebracht, mein Cousin kam in die Klapse, wo er hoffentlich nie mehr rauskam; die Familie war für mich ab da gestorben.

Kaum allein holte mich mein eigener Vater ins Bett und nahm mir somit den Rest. Auch wenn es nur starkes Petting war – auch er drückte mir etwas gegen meinen

Willen in die Hand.

Von da an war ich nur noch auf der Flucht vor mir selbst, weil ich mich so sehr schämte, für das, was man mit mir machte. Ertrank in Selbsthass, verletzte mich gern und andere. Nicht mal der Mann meiner Schwester machte halt vor mir: Übernachtete ich dort, weckte er mich und ich war hilflos beschämt – meine Schwester schlief selig. Nie konnte ich mit ihr darüber reden, aus Angst, ihre Liebe zu verlieren, die mir bis heute alles bedeutet. Was bleibt ist Scham, Selbsthass, Verachtung, Irrwege und keiner schreit »Halt!«.

Mit 14 war ich das erste und letzte Mal schwanger – von meinem Nachbarn. Das tat noch mehr weh als fast zu kotzen oder kaum gehen zu können, dank eines befreundeten Arztes wurde mir geholfen. Von da begann ich mich zu wehren. Kaum zu glauben, dass ich trotz allem sehr viel Sport in Vereinen (sogar beim VfB) betrieb, Leichtathletik, Handball wie verrückt, Hunde ausführen, Einkaufsdienste, Hauptsache weg, Jugendclub und vor allen Dingen aktive Mitarbeit in der Kirche. JMM – Junge Menschen missionieren, Helfersyndrom, der Glaube an Gott hat mich oft gerettet, doch ich war leider zu schwach, um stark zu bleiben. Suchte mir sehr früh einen festen Freund, den ich als Ausrede benützte. Habe jedoch nur das eine Übel gegen das andere getauscht. Viele Jungs, bis kurz davor – und dann Tschüss. Kein jugendliches Verliebtsein, sondern durchdachte Rache am männlichen Geschlecht. Das alles hat seinen Preis. Bald galt ich als sogenanntes Flittchen, obwohl ich mit keinem eigentlich was hatte, meine Empfindungen waren tot. Bis mich einer ansprach. Ich versuchte es ehrlich, doch ich wurde nur belogen und betrogen, er fuhr zweigleisig. Und ich war schwanger mit fünfzehn. Von einem zehn Jahre älteren Mann, der kaum, als das Kind da war, weg war. Wieder mal holte mich die Vergangenheit ein. Doch diesmal war alles anders.

DA war mein Kind, das mich brauchte, und ich lernte dank einer lieben Nachbarin, was es heißt, Mutter zu sein mit sechzehn. Mein Vater ließ mich von da an in Ruhe. Denke, er war gerade noch zur Vernunft gekommen, deshalb habe ich ihm verziehen. Doch nur ihm. Der nette Nachbar war immer noch da und machte weiter. Versuchte es zumindest, doch ich wollte nicht mehr. Er lockte mich mit Geld und irgendwann fing es an, dass ich mich eiskalt verkaufte. Und er durfte gut zahlen. Doch mir war immer bewusst, dass das alles schlecht war und ich fühlte mich schlecht, schlecht und nichts wert. Außerdem musste ich zusehen, wie ich ohne Staat und Vater mein Kind durchbringe. Hätte ich damals auf Hilfe vom Staat bestanden, wäre es meinem Vater von der Rente abgezogen worden und dann hätte er ein Problem gehabt. Also habe ich lieber mit mir selbst Geld verdient, als mich unterstützen zu lassen. Mein Körper war tot, doch mein Herz schrie nach Liebe, die ich nicht empfinden konnte, außer für mein Kind und meine Tiere. Die gaben mir Halt und Wärme, damals noch.

Doch immer unzufriedener suchte ich nach innerer Wärme, die mich vergessen ließ, wie wenig ich wert war. In dieser Zeit verfiel ich den ersten Drogen und dem Alkohol und es wurde mir endlich warm. Mir war saukalt in unserer Gesellschaft, abgestempelt als gestrauchteltes Mädchen allein mit Kind. Doch das ging natürlich nicht gut, fast hätte ich mein Kind verloren. Habe mich richtig zusammen genommen und nichts mehr angefasst. Das ging damals noch einfach im jugendlichen Wahn.

Arbeitete ab siebzehn ganztags und verdiente gutes Geld. Gerade 18 zog ich endlich aus aus diesem Haus, wo so viele schlechte Dinge über mich herrschten. Mein sogenanntes Elternhaus, in dem ich geboren wurde, starb und wieder da war, dank einer Kinderärztin. Doch oft denke ich: Mensch, hätte die doch nicht so um dein Leben gekämpft, es wäre mir einiges erspart geblieben.

Dieser Satz zieht sich durch mein ganzes Leben. Zitat Bruce: »Mit jedem Wunsch kommt auch ein Fluch daher.«

Das Leben ging weiter und ich suchte weiter. Heiratete mit 20 einen jungen, am Leben zerbrochenen Menschen mit Neurosen aller Art. Ein Heimkind, das nicht nur den Drogen, sondern auch sehr den Frauen zusprach. Einen freakigen Kriegsdienstverweigerer und Demonstranten. Mein Leben fing an, Spaß zu machen. Wir hatten ein nettes Häuschen, ein hübsches Kind, Tiere, Auto, Job, einfach sehr, sehr viel. Aber wir hatten auch Drogen und viel krankhafte Eifersucht. Er machte mir das Leben zur Hölle, ganz nach dem Motto: Eifersucht ist eine Leidenschaft, die mit Eifer sucht, was Leiden schafft. Wir dealten, hatten viel Zulauf zu Hause, bis einer unserer Freunde einem V-Mann auflief und uns kräftig verpfiff. Dafür bekam ich die ersten drei Jahre Bewährung.

Da fing er mit Sexpartys an, sogenannten Gruppensexpartys. Auf der einen Seite wollte er sexuelle Freiheit haben, auf der anderen Seite aber mich für sich allein. Hatte er, doch er war krank, und saß irgendwann hinter einem Busch und beobachtete das Haus, statt zur Arbeit zu gehen. Wäre nicht früh der Eiermann gekommen, ich hätte es nie bemerkt.

Da war es bei mir wieder mal vorbei. Wieder mal wurde ich für was bestraft und angeschissenen, was ich nicht tat. Da knallte ich voll durch. Innerlich eiskalt und, laut meinem Mann, frigide, trennte ich mich und er verließ Deutschland, um sich einer Sekte anzuschließen. Da stand ich erst mal gut da.

Der Mann einfach auf und davon, eine uneheliche Tochter, dreimal so viel finanzielle Verpflichtungen wie ich verdiente und ein Amt, das mir erklärte, es könne nichts für mich tun. Damals war das noch so und ist es noch heute. Gibt es einen Mann, keine Hilfe, ob er zahlt oder nicht, ob du leben kannst oder nicht. Vater Staat macht davor die Augen zu. Es hat damals nicht gereicht und es reicht heute noch viel weniger. Das treibt Menschen wie mich dahin, dass sie irgendwann alles tun, um zu überleben. Egal wie hoch der Preis dafür ist.

Der alte Nachbar verfolgte mich immer noch. Als er zu mir nach Hause kam, schickte ich ihn weg. Danach klingelten seine Frau und seine Tochter, glaubten, ich habe ein Verhältnis mit ihm. Da habe ich ihnen endlich gesagt, was all die Jahre los war. Danach war für mich Ruhe. Er aber kam ohne Strafe davon, musste jedoch lange leidend langsam sterben – Gott sei Dank.

Aus Geldnot begleitete ich eine Freundin zum Anschaffen in die Stadt. Ich fuhr mit zwei Männern los, die aber fuhren mich in den Wald und vergewaltigten mich abwechselnd, danach ließen sie mich wieder laufen. Die hätte ich gerne wiedergefunden, aber bis heute ohne Erfolg.

Durch einen dummen Zufall fing ich an, in Saunaclubs zu arbeiten, erst an der Theke. Doch als die Sitte kam und mich nur wegen meiner Anwesenheit als Hure registrierte und ich ab sofort zum Gesundheitsamt musste, da war es vorbei und ich bot mich richtig an. Eiskalt wie ich war, sehr jung und sehr zierlich ging ich als sogenannte ›Kind-Frau‹ durch und das lässt gut verdienen. Doch um das alles auszuhalten – das hieß, tagsüber brave Mama und nachts Augen zu und durch –, das ging natürlich wieder mal nur mit Hilfe von Drogen, die mich erst fit und dann wieder down machten, um das alles zu ertragen. Ich roch immer noch nur diesen alten Mann aus Kindheitstagen und musste mich betäuben. Ohne schlechtes Gewissen richtete ich ganz schön Schaden an.

Mit Erfolg wehrte ich jeden Angriff eines Zuhälters ab. Mein eigener Herr wollte ich bleiben. Mensch, trotz meines sonstigen Tuns. Überleben mit meinem Kind. Komisch, für dieses emotionslose Verkaufen meines Körpers schämte ich mich nicht. Es waren armselige, unliebsame, triebgesteuerte Tiere, die sich über mich stürzten und ich verfiel total in Rausch, immer weiter. Eine gefühllose, berechnende, armselige Welt tat sich mir auf. Keine Liebe, mir war immer kalt von innen heraus und in dieser Zeit lernte ich Heroin kennen. Endlich wurde mir warm. Doch hinterher noch mal so kalt. Ich spürte, dass das gefährlich war, aber ich hatte es noch unter Kontrolle.

Dann kam der absolute Höhenflug. Ich war so stark. Mein Leben war ein Film und ich der Regisseur – zwei Leben – Tag und Nacht –, bis der große Knall kam. Eines Abends lief die Sitte ein. Damals, Anfang der achtziger Jahre, stand die Prostitution neben der Zuhälterei groß unter Strafe. Ich erzählte der Polizei – und dachte mir gar nichts dabei –, wie es im Club zuging, wie die Mädchen so arbeiteten, sich anbieten unter Kontrolle des Chefs und der Chefin, und dass von allen Einnahmen die Hälfte des Geldes einbehalten wird. Das reichte, um den Laden, der als Saunaclub getarnt war, schließen zu lassen. Ich galt auf einmal als Kronzeuge gegen den härtesten Zuhälter, den es damals in der Stadt gab. Ein normales Leben war unmöglich, ich musste mich in einem anderen, sehr noblen Club unter Schutz stellen.

Die Kronzeugenaussage konnte ich dank eines guten Rechtsanwalts abwenden. Ich verdiente gut und lernte gut situierte Leute kennen.

Zwei von ihnen kauften mich für sich frei und ich führte parallel zwei Fernbeziehungen. Waren sie in Deutschland, musste ich ihnen zur Verfügung stehen, ansonsten bekam ich regelmäßig einen Monatsscheck, um mich nicht mehr verkaufen zu müssen. Damit hielt ich mich fast zwei Jahre, bis ich 24 war, über Wasser und lebte gut mit meinem Kind ohne Vater Staat. Bis mich einer von den Zweien heiraten und mich mit auf eine Insel nehmen wollte. Ich lehnte ab und ließ mich noch gut abfinden, wir trennten uns in Freundschaft.

Ich genoss mein Leben ohne große Sorgen, bis ich mit

Rückenschmerzen zum Arzt ging, das war 1984. Diagnose mit fast 24: operable und inoperable Verwachsungen. Am Unterleib wurde ich sechs Stunden lang operiert, fast gesund aber auch laut Ärzte ab sofort unfruchtbar. Kein Kind mehr. War mir damals egal. Ich setzte jedes Verhütungsmittel ab. AIDS, HIV – was war das?! Im Rücken inoperable Verwachsungen. Das Röntgenbild war schwarz davon. Die Nerven werden abgeklemmt. »Mit der Zeit werden Sie im Rollstuhl sitzen«, sagt mein Arzt. Bumm, das musste ich erst mal verdauen. Schnell in die Stadt, was zum Rauchen, was für die Nase, egal was, Hauptsache, es haut mich weg.

Lernte einen neuen Dealer kennen und kam richtig drauf. Jobbte in einem Club, war zu Hause Mutter, dazwischen trieb ich mich in Wohnungen, die man normalerweise nur mit Schutzanzug betritt, rum. Hauptsache eine Nase nach der anderen. Ich habe nie gedrückt. Drauf ist drauf, du kannst einfach nicht anders, als dich zuzudröhnen, um endlich inneren Frieden zu fühlen. Wärme und Trost, denn mit einer Droge ist man nie einsam. Entweder man baut sich was und raucht oder man gibt sich selbst eine Nase aus. Die Auswahl war wahllos. Koks, Speed, Pep, Rohypnol-Diazepan und vor allen Dingen Heroin, da war ich relax. Zu schön, um wahr zu sein und um zu erkennen: Das nimmt ein böses Ende. Ich war noch zu jung, zu lebenshungrig, zu stark.

Freunde von mir eröffneten eine Kneipe und ich arbeitete als Mädchen für alles dort. Eines Abends war wieder mal Pokerrunde und Geld ging hin und her. Als spät am Abend die sogenannten Zuhälter, vor denen ich mich jahrelang versteckt hatte, zur Tür hereinkamen. Nach kurzer Zeit war denen klar, wer ich war und sie wollten den Laden schließen, um mit mir privat Club zu spielen. Jeder sollte mal dran kommen dürfen bei mir. Mir wurde es ganz anders, doch selbst meine sogenannten Freunde, unter anderem der Wirt selbst, schienen das in Ordnung zu finden. Plötzlich stand ein Typ, wie ein Zigeuner so dunkel, auf, und sagte: »Sorry, aber meine Maus und ich müssen jetzt ins Bett.« Sprach er und ich ging mit, nur raus hier. Nichts schien mir schlimmer und doch: Was ab da in meinem Leben geschah, gleicht einem Wunderbaum ebenso wie der Hölle auf Erden.

Wir begannen eine Sexbeziehung. Täglich. Und ich kann sagen: Zum ersten Mal in meinem Leben liebte ich einen Mann mit jeder Faser meines Herzens, das war Z. Arbeitete viel, rauchte gern mal was und liebte Autos, was ihn oft Tag und Nacht arbeiten ließ. Dazwischen liebten wir uns. Ein Kind wollte er nicht, hatte er schon und könne scheinbar keine Kinder mehr zeugen. Ich keine mehr bekommen, also waren wir frei und ungehemmt. Bis, ja, bis ich auf einmal doch schwanger war. Unerklärlich für meinen Arzt, aber wahr. Gemerkt habe ich es nicht. Bis zur 16. Woche. Bei einer normalen Untersuchung fiel ich fast vom Stuhl, als er mir erklärte, er wisse zwar nicht wie, aber ich wäre ganz schön schwanger. Er hatte mich Jahre davor operiert und stets beteuert, ich könne kein Kind mehr kriegen. Und nun so was.

Meine Freude darüber änderte alles. Von da an bekam

ich nur noch Drohungen, dass ich das nicht heil überstehe. Vom Arzt wegen dem Rücken, von meiner großen Liebe, die kein ungewolltes Kind duldete. Er war ein anderer Mensch von heut auf morgen. Ich wollte jedoch nicht aufgeben. Sah in diesem so wundervoll entstandenen Kind für mich auch den Ausweg aus Drogen und Prostitution, ein neuer Anfang sollte es sein.

Alles hat zwei Seiten. Arbeitete seriös als Hauspflegerin. Ich hatte Liebe gefunden, oder Sex mit Liebe verwechselt, ein Kind dafür erhalten, ein neuer schöner Lebensabschnitt hätte beginnen können. Doch was es heißt, ein Kind zu bekommen, dadurch zum Sozialfall zu werden, besser gesagt, dafür bestraft zu werden, wo steht dies! Ich hörte immer sehr interessiert den Nachrichten zu, wenn es hieß: »Schützt das ungeborene Leben.« Und wunderte mich, wo denn dies geschehe. In der Kirche? Doch die Kirche ernährt mich und mein Kind nicht.

Ich bekam das zweite sogenannte ›unmögliche‹ Kind in folgender Situation: Verlassen worden vor einem Jahr und in Scheidung lebend, im 8. Monat geschieden und frisch getrennt vom Kindsvater, der mich ständig bedrohte. Dann war meine Kleine auch noch scheinehelich. Wieder bekam ich nur Knüppel vom Amt in die Beine.

Zitat:

Trennung März 84 – Scheidung April 85 – Geburt Juni 85.
Mein Kind müsste ein 15-Monats-Baby sein, bin ich ein

Elefant? Mein Ex-Mann sollte für das Kind aufkommen. Der lebte im Ausland in einer Sekte, verdiente nichts, wir waren in gegenseitigem Unterhaltsverzicht geschieden. Das Amt sah mein Kind als unlösbares Problem an, es musste der Vater her, niemand wusste, wer zuständig war. Mein Mann zahlte nichts, das Amt nur das Nötigste, nur für mich und meine große Tochter. Meine Kleine bekam nicht mal Krankenscheine, erst im Notfall, als sie fast an einer Lungenentzündung starb. Mein Kinderarzt rief das Amt an und drohte mit Anzeige wegen unterlassener Hilfeleistung, da ging es auf einmal. Im Taxi, das ich mit weißem Tuch aus dem Seitenfenster durch die Straßen jagte, ging es ins Krankenhaus. Unterwegs musste ich mein Kind immer wieder beatmen. Das wünsche ich keiner Mutter in Not.

Ein Nichtehelichkeitsverfahren sollte alles klären. Das dauert circa ein bis zwei Jahre, unseres auch. Erst jetzt interessierte sich das Jugendamt für mein Kind. Wegen meinen ganzen widrigen Umständen hätte bis dahin nichts geschehen können. Der eheliche Vater war es nicht, was ein Test ergab und den richtigen konnte ich nicht angeben, weil der mich bedrohte, dies nicht zu tun.

Also musste ich selbst sehen, wie ich klar kam. Habe während der Schwangerschaft in einem Buch gelesen: »Der einzig legitime Grund, ein Kind zu bekommen, ist die Freude am eigenen Leben!« So erging es mir auch. Doch ich hatte die Rechnung ohne meinen Ex gemacht, den Vater meines Kindes. Er wollte mich wieder, aber ohne Kind. Weil ich vielleicht ein bisschen verrückt vor Liebe war, ließ ich mich auf dieses Spiel ein. Obwohl er im fünften Monat versucht hat, das Kind mit Gewalt aus mir rauszuholen. Das hätte mir reichen sollen als Warnung. Doch ich schlug sie in den Wind und verliebte mich total in ihn. Sexuell passte es, aber menschlich benutzte er mich nur für seine Zwecke. Es sollte ein sieben Jahre langer Schrecken werden, bei dem viel Blut fließen sollte, vor allem meins. Und keine Polizei oder irgendein Amt halfen mir. Da begann so richtig mein krimineller Lebenswandel – und wieder Drogen, doch diesmal alles unter Zwang.

Ich zitiere einen kriminellen Lebensbericht, den ich an einen Richter schrieb, der mir endlich helfen sollte, nachdem ich mehrmals fast umgebracht wurde. Er sollte mir helfen, diesen Mann dingfest zu machen, der uns jahrelang drangsalierte. Aus Liebe wurde Angst. Da war unsere Tochter sieben Jahre alt, trotz allem. Sieben Jahre Horror sollten aufhören.

--Rückblick--

Bitte an einen Richter – Krimineller Lebensbericht:
Im Jahre 1980 wurde ich gemeinsam mit meinem damaligen Mann zu einer Jugendstrafe von einem Jahr auf drei Jahre Bewährung wegen BTM verurteilt. Diese haben wir straffrei bewältigt – und fast drogenfrei. Genau im Jahre 1983 kam es zwischen uns zum Bruch und ich musste ausziehen, dafür hatte mein Mann noch gesorgt. Mit meiner damals sieben Jahre alten Tochter zog ich zu einem guten Freund. Mein damaliger Dealer. Doch durch einen dummen Zufall flog er auf. Wieder das volle Pro-

gramm: Hausdurchsuchung, danach Verhaftung. Mich hielt er raus.

Ein Vierteljahr später zog ich um und gründete eine Frauen-WG. Da ich in einem festen Arbeitsverhältnis stand, ich war als Privatpflegerin tätig, übernahm ich die finanzielle Sicherheit des Haushalts. Nach kurzer Zeit ergab es sich, dass ich krank wurde, kaum fähig zu arbeiten. Laut Ärzte war ich inoperabel. An meiner Wirbelsäule hatten sich Verwachsungen gebildet, die in kurzer Zeit zu Querschnittslähmung führen mussten. Diese Gefahr war auch bei einer Operation gegeben. Ich war am Ende, wandte mich ab von Ärzten und Menschen, die mir lieb waren und wusste nicht, wie ich meinen Lebensunterhalt verdienen sollte. Aus Verzweiflung begleitete ich eine Freundin in die Stadt zum Anschaffen. Sie war auf einmal weg, als ein Auto mit zwei Typen vor mir hielt. Wir machten einen Preis aus und ich stieg zu. Die fuhren mit mir in den Wald und es erging mir sehr, sehr schlecht. Wurde mehrmals vergewaltigt, geschlagen und wie ein Stück Dreck aus dem Auto geworfen. Ich schwor Rache! Habe die zwei nie mehr gesehen. Bis Heute. Aus Sicherheitsgründen begleitete ich eine Bekannte in einen Saunaclub. Ich half an der Bar aus, als an diesem Abend die Sitte kam. Als anwesende Dame und in etwas verfänglicher Situation wurde ich als die Neue registriert. Abgestempelt. Bei einer Vernehmung plauderte ich unbewusst Dinge aus, worauf dann auch noch Ladenschließung erfolgte. Meine Aussage als Kronzeugin vor Gericht ließ ich jedoch abwenden. Ich wurde sowieso schon verfolgt.

Aus Angst begab ich mich in den damaligen Nobel

Club 66, wo ich dafür bezahlte, geschützt arbeiten zu können. Und einen eigenen Fahrer hatte, denn nach einem Autounfall mit Fahrerflucht wurde ich zu 15 Monaten Führerscheinentzug verurteilt. Nur Blechschaden, doch mit 1,7 Promille Alkohol und Drogen (die man nicht feststellte) am Steuer. War nach dem Unfall einfach in Flucht nach Hause gefahren, um etwas auszunüchtern, wollte mich ehrlich später stellen. Doch es kam anders. Wurde verhaftet, indem ein Kampfgeschwader von Polizisten unser Haus stürmten. Ich wollte nur ein bisschen schlafen und dann erst Selbstanzeige machen, doch die Staatsgewalt war schneller. Auf der Wache wurde ich mit Handschellen am Heizkörperrohr befestigt. Musste Stunden stehen, bis zum Schichtwechsel, und wurde ständig als Clubmädchen angemacht. Ein Wunder, dass außer mieser, brutaler und beleidigender Vernehmung nicht mehr passierte. Im Club tat ich nur meine Arbeit in gepflegter Atmosphäre und wurde geschützt, verdiente sehr viel Geld. Wollte nur überleben und meinem Kind was bieten. Musste man mich deshalb wie eine Schwerverbrecherin behandeln? Ich konnte mir eine Tages- und Nachtmutter leisten, die mich unterstützte mit dem Kind.

Nach vier Monaten lernte ich einen Mann kennen, der sich in mich verliebte. Er verdiente gut, war ein Diplomat und kaufte mich, zusammen mit einem anderen Stammkunden von mir, frei. Es entstand eine Beziehungsfreundschaft. Er war nur dreimal im Jahr in Deutschland. Der andere auch. Eine gute Zeit in gehobener Gesellschaft für mich. Mein Leben war gut, uns ging es gut. Ich rauchte gern was, ließ jedoch die Finger von harten Sachen. Bis ich mit 24 Jahren meinem Schicksal begegnete: Z!

Er rettete mich aus einer sehr gefährlichen Situation, als ich von ehemaligen Zuhältern bedroht wurde. Doch in welche Hölle führte er mich! Im ersten halben Jahr waren wir glücklich. Er arbeitete, verdiente gut und hatte gerade mit Zocken aufgehört, seit er mich kannte. So schien es mir. Bis wir vertrauter wurden und er mich seinen Freunden vorstellte. Alles Dealer. Bald kapierte ich, was da Sache ist und wollte schon gar nicht mitmachen bei ihren Fahrten und Dealereien. Unter dem Deckmantel der Familie wurde kräftig geschmuggelt und verkauft. Zwei seiner Freunde wurden verhaftet, einer ist nach Gericht ins Ausland abgehauen, er kam davon. Ich machte damals Aussageverweigerung, weil ich ein Kind von Z. erwartete. Ab diesem Zeitpunkt, als ich sagte, dass ich schwanger bin, war es aus bei ihm. Er wollte kein Kind, keine Familie gründen. Sein Sohn lebte im Heim. Er wollte mit allen Mitteln verhindern, dass dieses Kind geboren wird.

Als ich im fünften Monat war, kam Z. eines Abends zu mir. Zuerst war er nett, doch dann wurde deutlich, was er wollte. Ich sollte mit ihm nach Holland fahren und abtreiben. Das ging dort bis zum sechsten Monat! Das wollte ich auf keinen Fall und versuchte ihm zu erklären, dass ich nur das Kind will und ihn nicht angeben werde als Vater. Er trat mir in den Unterleib und ich landete auf dem Bett. Er zog ein größeres Messer und bedrohte mich. Im Bett über mir kniend meinte er, er würde mein

Kind jetzt holen. Mit aller mir möglichen Listigkeit konnte ich ihn etwas beruhigen. Er legte immer solche Pausen ein. Sex, Gewalt, Sex und wieder Gewalt. Als er zur Toilette musste, gelang es mir, meine Schwester die im selben Haus wohnt zu erreichen, und im Nachtgewand kam sie mit ihrem Freund sofort runter. Z. musste unter diesem Druck gehen.

Ab diesem Tag hatte ich keine ruhige Minute mehr, musste wegziehen. Dort fand er mich schnell, ich hatte keine Chance. Ich ging zum Sozialamt, zum Jugendamt, zur Polizei. Niemand konnte mir helfen. Aber mir wurde von IHM ständig geholfen. Er bedrohte mich und das Leben meiner Kinder. An meinem Auto war eines Tages die Bremsleitung durchgeschnitten, zum Glück fuhr ich nur allein in einen Acker. Unmöglich, ein normales Leben zu führen. Ständig unter Stress, ja, fast Todesangst zu nennen, versuchte ich zu überleben. Und ich fing an, das zu tun, was er von mir verlangte. Von Januar bis August 85 war ich mindestens dreimal mit ihm in Holland und er hatte jedes Mal gut gekauft: Koks, Haschisch, Heroin. Ich wollte in dieser Zeit nichts nehmen bis zur Geburt, doch er animierte mich ständig. Danach war ich kaum fähig, selbst zu entscheiden. Hatte schnell wieder mit Haschisch und Koks meine Probleme. Verkauft habe ich im Monat bis zu 50 Gramm Kokain und jede Menge Haschisch. Vom Staat bekam ich nicht viel, für meine zweite Tochter gar nichts. Also musste es sich lohnen, das hat Z. verlangt von mir. Wollte ich aussteigen, schlug er mich zusammen. Im Dezember 85 sehr schwer. Jedes Mal sagte ich Z.: »Noch ein einziges Mal und dann lass mich bitte allein in meinem Leben.« Er ließ nicht nach, hatte andere Personen, die für ihn die Kohlen aus dem Feuer holten, unter anderem meine damalige und ehemalige Tages- und Nachtmutter meiner großen Tochter. Anfangs half sie mir, wenn ich liegen musste, erst wegen ständiger Wehen, die fast zur Frühgeburt geführt hätten, dann wegen Operationsnarben, die immer wieder aufbrachen durch körperliche Attacken. So lernten sich die zwei kennen. Nach kurzer Zeit war auch sie drauf und ging zusehends zu Grunde. Als ich merkte, dass Z. sie gegen mich benutzt, sagte ich mich von beiden los und es begann ein echter Krieg. Schwarze Männer mit Knarren, die vor dem Haus lungerten, waren noch harmlos. Von da an trug ich stets eine scharfe Waffe bei mir, die ich auch benutzt hätte. Z. und sie begannen schon Schwierigkeiten, mit der Polizei zu bekommen. Ein Herr N. leitete damals die Ermittlungen, und mit allen Methoden der Kunst versuchte er, diese Bande zu überführen. Auch über mich. Wurde morgens von Z. wegfahrend gestoppt und mitgenommen. Stundenlang verhört und weggesperrt. Niemand hätte mir auch nur etwas entlocken können, wer würde mich schützen? Also ließ man mich wieder gehen. Doch meine Kinder waren an diesem Morgen das erste und letzte Mal nicht versorgt. Da war kein Erbarmen! Z. und I. bekamen Angst, selbst noch etwas zu tun, also sollte ich herhalten. Mit gemeinsten Mitteln sollte ich dazu gezwungen werden, eine Fahrt zu machen. Ich konnte mich mit Hilfe meines Bruders zur Wehr setzen. Er kam und versteckte sich im Nebenzimmer, um zu lauschen, wie es mir erging. Er hatte genug gehört und kapiert, dass ich echt bedroht bin und räumte kurz auf. Mein Bruder zog zu mir, damit ich endlich in Ruhe mein Baby bekommen konnte. Als mein Bruder bei mir war, hatte ich genau vier Wochen Ruhe vor denen.

Ich war keine Woche im Krankenhaus, als ich gewarnt wurde, dass die Polizei zu mir kommen wird. Das geschah auch, doch ich hatte das Krankenhaus bereits mit Baby auf eigene Verantwortung verlassen – am siebten Tag nach erneutem Kaiserschnitt. Kaum zu Hause stand die Kripo da und verlangte von mir Aussagen gegen Z. und I. Fragten mich, wer ich bin, zu glauben, das alles ungestraft decken zu können. Wollten mich verhaften und meine Kinder dem Jugendamt übergeben. Ich antwortete nur, niemand von euch kann mich schützen vor Z. Bisher nicht und auch weiterhin nicht. Aus Angst habe ich natürlich nichts ausgesagt.

Kurze Zeit später tauchte I. wieder bei mir auf und wollte Hilfe. Ich konnte ihr damals nicht helfen, denn vor Heroin hatte ich so eine Angst, ich wollte nicht draufkommen, dass ich alles ablehnte. Das letzte Mal, als mich I. anrief, flehte sie mich an, Geld zu beschaffen, ein Auto zu mieten und ihr einmal was zu holen, weil das Zeug von Z. scheinbar nass und unbrauchbar geworden sei und er sie deshalb umbringen wolle. Ich verwehrte jegliche Hilfe und ein Tag später war I. weg. In Indien. Z. wurde damals gesucht und wurde gewarnt abzuhauen. Ich wünschte mir, er würde verschwinden, das wäre das Beste für uns alle. Ein Tag später war Z. weg, verhaftet am Arbeitsplatz und im Knast einsitzend. Ich wurde von seinem Rechtsanwalt angerufen und gebeten, zur Polizei zu gehen und die Schlüssel von Z.s Wohnung zu mir zu nehmen, um nach dem Rechten zu sehen. Dann sein Auto abholen am Arbeitsplatz sowie seine Aktentasche und den Spind leeren. Im Futter der Tasche sollten sich mindestens 6000 DM befinden. Ich tat wie mir geheißen und brachte das Geld dem Rechtsanwalt. Heute weiß ich, dass sich dieser mit strafbar machte, da es Beweismaterial war und die Polizei es hätte finden müssen. Drogengeld. Ich bekam einen Heiratsantrag und sämtliche Vollmachten, zog in die Wohnung von Z.

Aufgrund dessen, dass Z. jetzt Verlobte und Kind hatte, kam er bis zur Verhandlung frei. Kaum war er da, ging der Horror weiter. Nachdem er mich ständig zwang, ihm Drugs zu besorgen und dann zu verkaufen, zog ich nach wenigen Monaten wieder aus. Wohnte bei einer Familie, die mich als Hauspflegerin anstellte. Ich muss dazu einflechten, dass ich dort als wirkliches Familienmitglied angesehen wurde, da mich der Hausherr ehelichen wollte und meine Kinder annehmen. Finanziell wäre ich somit gut gestellt gewesen. Wir hatten ein schönes Haus und keinerlei Sorgen. Außer Z. Er ließ mich auch dort nicht in Ruhe. Er hatte ja einen ›Freispruch‹ erwirkt und war unschuldig! Also konnte man wieder anderen Menschen das Leben zur Hölle machen. Ich kam trotz allem sexuell nicht los von ihm, und wegen unserem Kind hatte ich zwiespältige Gefühle. Er wollte mich für seine Dienste und im Bett, dann hatte ich meinen Frieden. Also lebte ich tagsüber Familie, bekochte und bewirtschaftete das Haus, in dem allein zwei schwer Kranke Pflege benötigten, und ein bis zweimal in der Woche traf ich Z. Mal mit, mal ohne unser Kind. Er wusste nicht so recht, wohin mit seinen Gefühlen. Heute glaubt er, seine Tochter zu lieben, doch jemanden kaputt zu machen oder dessen Mutter, das kann keine Liebe sein. Er wollte uns als Deckmantel für seine dreckigen Geschäfte, die er nach wie vor verübte. Einen großen Deal, das wollte er, und ich sollte es für ihn rüber bringen, in meinem Auto versteckt. Und in diesem Auto sollten außer mir noch mein Bekannter und meine Kinder getarnt als Familie sitzen, harmlos. Zuerst ließ ich mich darauf ein unter der Bedingung, dann endlich Schluss machen zu können. Mit allem. Ich wollte heiraten und ein neues Leben beginnen.

Wir fuhren jeder für sich nach Holland und wollten uns an einem Abend in Amsterdam treffen. Ich fuhr allein in die Stadt und suchte Z. Am abgemachten Platz. Er war nicht da. Ich wollte ihm sowieso sagen, dass ich ein ungutes Gefühl habe, wollte nicht mehr mitmachen. Ich fand ihn nicht. Fuhr ins Hotel zurück und gestand meinem Bekannten alles. Er war geschockt und hat mir nicht getraut, doch wir sind sauber zurück nach Deutschland. Unsere Freundschaft war kaputt.

Zuhause angekommen erfuhr ich drei Tage später von einem Freund von Z., was geschehen ist. Z. war in Frankreich, wo er zu drei Jahren verurteilt wurde. Ich sah eine Chance, rauszukommen. Doch denkste, Z. hatte vorgesorgt.

Eines Abends stand plötzlich ein Spanier in meiner Wohnung mit Schlüssel und sagte: »Z. schickt mich, ich bleib da und passe auf, dass du keinen Blödsinn machst.« Das war J. Er blieb sechs Wochen, nicht gewalttätig, sondern nett. Er durfte sogar mit mir, mit Erlaubnis von Z., ins Bett. Irgendwann sah er ein, dass es nichts bringt und verzog sich wie er gekommen war. Er war auch nur von Z. hereingelegt worden. Dass er bei der Fahrt dabei war, war unwissend, denn er dachte, sie würden nach Kroatien ans Meer fahren. Doch Z. hatte den Umweg über die Beneluxstaaten ohne Rücksicht geplant. Deshalb sollte J. auch seine Tochter mitnehmen, sieht harmloser aus. Sie sind verhaftet worden. Z. nahm alles auf sich und J. musste zurück zur Therapie. Zuerst aber zu mir, denn Z. wollte Rache. Denn ich hätte das Zeug haben sollen und heil über die Grenze bringen. Also war ich wieder mal an allem schuld. Jetzt hatte ich Z. so richtig zum Feind. Und er wollte Rache. Mit der Abfindung des deutschen Staates beim letzten Freispruch, kaufte er sich in Frankreich nach eineinhalb Jahren frei. Ich war schon gewarnt und hatte mir einen lieben Freund zugelegt.

Eines Abends klingelte es und J. wollte mal wieder reinschauen. Ich machte auf und im Schlepptau kam Z. zur Wohnung herein. Es gab viele Debatten an diesem Abend, zum Glück war ich nicht allein, und nach hartem Kampf war ich die zwei wieder los.

Von da ab ging das ganze alte üble Spiel von vorne los. Kaum traute ich mich auf die Straße, wurde ich verfolgt und bedroht, angebettelt und was weiß ich alles. Traute mich selbst nicht mehr auf die Straße, da wurde mein Kindermädchen mit meinem Kind im Auto verfolgt und an ein Schaufenster gedrückt. Die Polizei half uns nicht. Vom Besitzer des Ladens gerufen, erklärten sie uns: »Hunde die bellen, beißen nicht!«

Ich wollte einfach nicht mehr. Wegen seines Kindes war es auch so ein Problem, und so einigten wir uns in der Mitte. Ab und zu. Doch bald war es wieder ein Alptraum wenn Z. zu mir kam. Meine neue Beziehung wurde kurzerhand unterbunden, der Junge landete im Krankenhaus. Wer schützt mich und meine Kinder vor diesem MONSTER? So viel Angst, wie wir schon hatten, kann sich kaum ein Mensch vorstellen. Z. ist aggressiv und unberechenbar. Wenn er schlägt, bleibt meist was zurück.

Eines Abends wurde ich von Z. im Bett und im Stockdunkeln angegriffen. Weil ich nicht so wollte wie er. Ich ließ es auf Krach ankommen und Wumm hatte ich so eine am Kopf, dass ich zuerst gar nicht wusste, wie mir geschieht. Doch als ich Blut schmeckte, schrie ich: »Schluss, mach Licht, ich blute!«, und er war sofort wie ausgewechselt. Heuchlerisch winselnd um Gnade bittend. Ich erlitt einen sehr großen Blutverlust in dieser Nacht und durfte keine Hilfe holen! Irgendwann war ich dann wohl weg, und am nächsten Morgen haben mich meine Kinder so gefunden. Blutüberströmt, verkrustet und noch halb ohnmächtig, sie riefen eine Nachbarin zu Hilfe. Z. war weg zur Arbeit. Ich ging zur Fürsorge, zur Polizei, zum Amtsgericht. Meine Klage wurde abgewiesen. Und als der Beamte zu mir sagen wollte, »Wenn er Ihnen noch einmal was tut ...« hatte ich ihn an der Krawatte gepackt und sagte: »MIR TUT DER NICHTS

MEHR UND WENN IHR ES NICHT VERHINDERN WOLLT, HELF ICH MIR SELBST.«

Zu diesem Zeitpunkt trug ich stets eine Waffe mit mir. Die entdeckte der Beamte in diesem Moment in meinem Hosenbund beim Aufklaffen meiner Jacke, daraufhin hatte er den Notknopf gedrückt, Beamte stürmten rein, bewaffnet, mich bedrohend und ich hob sofort meine Hände. Ich hätte fast eine Klage wegen Amtsbeleidigung erhalten, sie beschränkten sich jedoch auf Amtsverbot. Und ein Verfahren wegen unerlaubtem Waffenbesitz. Also war ich jetzt erst recht Z. ausgeliefert und nach genug TERROR zog ich jegliche Anzeigen zurück, war frustriert über unsere Staatsgewalt, die so wenig für seine Frauen, Mütter und Kinder tut.

Mein selbstständiges Gewerbe musste ich vorerst still legen, da ich meine Aufträge so nicht mehr einhalten konnte. Ich ging auf den Nullpunkt zu. Und wieder nur Flucht in Drogen. Nichts tut mehr weh, alles wohlig. Wovon leben? Als Selbstständige gab es kein Arbeitslosengeld, und vorgesorgt hatte ich noch nicht. Also wieder Z. als helfender Engel, finanziell war er immer großzügig, ich nahm seine Hilfe als SCHMERZENSGELD an, schon seit zu langer Zeit. Nach all dem war ich schwach und suchte nur noch meinen Frieden. Begab mich teils in seine Hand, teils wollte ich meine Freiheit haben, doch als FRAU konnte er mir immer vertrauen. Denn ich war ihm sexuell hörig und wollte im Bett keinen anderen MANN. Trotz allem. Wenn wir uns liebten, waren wir immer im Einklang. Z. hatte mich als einziger Mann wirklich angesprochen und ich liebte ihn. Trotz allem.

Hassliebe könnte man es nennen, und wir hatten ein Kind der Liebe! Das war im Frühjahr 1989, und ich hatte gerade ein halbes Jahr Knast erneut auf vier Jahre Bewährung bekommen wegen Besitz und Handel von Haschisch. Da hatte mich jemand richtig schön an die Polizei verkauft.

Ständig bekam ich mit Z. Krach, weil er schon wieder anfing mit allen üblen Sachen. Dazu kam dann noch, dass er selbst zunehmend süchtiger wurde. Anzeichen waren unter anderem, dass er beim Essen am Tisch einmal einfach weglullte und mit dem Kopf im Teller landete. Die Kinder lachten zwar, doch für mich war es der Alptraum schlechthin.

Meine einzige Waffe war jetzt, sauber zu bleiben, doch wie, wenn man ständig angeboten bekommt und eingeladen wird? Oft wurde ich leider wieder mal schwach und machte dann kleinere Geschäfte mit Koks oder ab und zu Haschisch, das ich von Z. bekam und verkaufte. Tat ich dies und war lieb Kind, auch im Bett, war er zufrieden. Wollte ich raus aus dem Ganzen oder ihn loswerden, bekam ich an den Kopf. Mein Teufelskreis war perfekt und meine Bewährung wieder mal sehr in Frage gestellt. Er hatte es wieder mal geschafft, mich auf alles zu bringen. Es führte ständig zum Krach, da ich ihn als gewissenloses Schwein und dreckigen Dealer bezeichnete.

Heute weiß ich nicht, wie ich es dann doch schaffte stets »Nein« zu sagen. Auch im Bett. Mir ging es gesundheitlich nicht so gut. Musste wieder einmal operiert werden am Unterleib. Ein Polyp musste raus. Bei der

Gelegenheit ließ ich mich nach psychologischem Gutachten sterilisieren und eine erneute Schwangerschaft (zum dritten Mal) von Z. beenden. Ohne Skrupel, denn ich hatte wirklich genug mit zwei Kindern und einem Erzeuger, der mein Leben bedroht.

Bei dieser Gelegenheit im Krankenhaus ließ ich mich röntgen, wegen der alten Diagnosen, irgendwann im Rollstuhl zu sitzen, und es war wie ein Wunder: Die Verwachsungen, die alles überschatteten, waren verschwunden. Niemand wusste wie und was das von da an für mich hieß. Versteckte mich wieder mal und kam ab da mit Z. nie wieder richtig ins Geschäft. Ich verachtete alles, was mit harten Drogen zusammen hing, denn es war so schlimm zu sehen, wie immer mehr gute Leute echt kaputt gehen. Mit so was wollte ich nichts mehr zu tun haben. Meine Taten waren zwar sicher auch nicht gering, aber ich habe niemanden gezwungen oder geschädigt. Meine Kreise lagen in höheren Lagen und waren Leute mit Geld die es »JUST FOR FUN« taten.

Mit Heroin wollte ich nie mehr zu tun haben! Mit Z. musste ich nach einer Weile wieder umgehen, denn er fand mich überall. Als ich merkte, dass Z. wieder fuhr und dealte und dealen ließ, habe ich ihm den guten Rat gegeben, sich bei mir nie mehr zu melden, ansonsten würde er nochmals einwandern in den Knast. Nur eine richtige Therapie könne ihm helfen, und das geschah ja dann auch. Eines Abends war Z. bei mir und spielte lieb Kind. Ab 2 Uhr morgens wurde er unruhig, telefonierte mit seiner damaligen Dealerin. Um 4 Uhr verließ er meine Wohnung. Wieder eine Tour nach Holland mit einer echt kaputten Partnerin, das konnte nicht gut gehen und ich prophezeite ihm das beim Gehen.

Zwei Tage später saß er ein in Kleve, verhaftet nach der grünen Grenze zwischen Holland und Deutschland, als sie sich auf einem Parkplatz einen Druck setzen wollten. So dumm darf man auch nicht sein.

Wieder bekam ich alle Vollmachten, verkaufte in seinem Namen eine seiner Wohnungen, löste eine andere auf. Dabei fand ich eine Menge Heroin, das ich zum größten Teil ins Klo schüttete, dann weitergab und den Rest selbst konsumierte, um, so sagte ich mir, wieder mal zu wissen, was so toll daran ist. Vor allem warum es Z. wichtiger ist als unser Kind, unser Leben, unsere Liebe.

Ausreden, nichts als Ausreden.

Z. verbüßte 10 Monate Therapiehaft, wir hatten brieflich Kontakt. Er schwor: Nie mehr Heroin! Ich war fast clean. Ich glaubte daran, weil ich dachte, dass er nach so langer und sinnlos vergeudeter Zeit und dem vielen Geld eingesehen haben müsste und wirklich einen Entzug machte. Bei jeder Verhaftung in den Jahren waren jedes Mal 20 bis 30000 DM futsch. Heute weiß ich, dass er selbst in Therapie und im Knast nie ganz davon loskam. Und wie kaputt er ist.

Mein größter Fehler war, ihm noch mal zu helfen. Helfersyndrom nennt man das. Ich war Objektleiterin in Arbeitgeberstellung und fuhr hoch nach Kleve zu seiner Verhandlung. Als seine Verlobte, mit seinem Kind verbürgte ich mich für ihn. Gab ihm ein Zimmer meiner Wohnung als Wohnsitz und einen Job in unserer Firma. Stellte ihn als Putzmann ein. Er bekam Bewährung und ich nahm ihn zurück in unser Leben, das gerade erst anfing, normal und ohne Angst zu verlaufen, freiwillig aus Liebe und wegen unserem Kind. Nie hatte ich die Hoffnung aufgegeben, dass er eines Tages zu uns stehen und uns nicht mehr nur benutzen würde. Für jemanden, der nicht liebt, mag das alles unverständlich sein, doch wer liebt, hat Geduld und gibt die Hoffnung auf Gegenliebe nicht so schnell auf. Menschen können sich ändern, wenn sie es selbst wirklich wollen, und nur sie selbst. Aus dem Knast war ich bombardiert worden mit Liebesbriefen, die alle das Gleiche aussagten, welch Täuschung. ›Ich fass nie wieder was an, ich liebe dich und unsere Tochter, ich habe mich geändert, ich fasse dich nie wieder an!‹ Nur zu gerne glaubte ich daran und gab ihm eine letzte Chance. Der Richter ermahnte ihn eindringlich, sich ja gut zu benehmen, sonst würde er sofort wieder zurück in den Knast gehen.

Nicht ausdrücken kann ich, was in mir vorging, als Z. am dritten Tag seiner Freiheit mit unserer Tochter in der Stadt war und total dicht zurück kam. Eis essen hatte er gehen wollen. Und wieder drauf kam er zurück. Wie ein wildes Tier benahm er sich und ließ sich an uns allen aus. Unsere Kleine wurde geduscht, dass sie einen Schock weg hatte und zog sich von da an voller Angst von ihm zurück. Er verstand das alles nicht. Ich für meinen Teil machte gleich klar Schiff. Niemals würde ich akzeptieren, dass er bei mir lebt und mit seinem Zeug weiter rummacht. Vorher würde ich ihn dahin zurückbringen, wo er herkam. Außerdem sagte ich klipp und klar, dass jetzt alles in mir kaputt sei an Vertrauen und er sich eine eigene Wohnung suchen solle. Heiraten wollte er jetzt auf einmal, doch das war das Letzte, was ich getan hätte. Es gab eine kurze Zeit, wo mich keine Frage glücklicher gemacht hätte, doch das war lange, lange her. Er wurde mit jeder Woche bösartiger, meine Kinder und ich konnten kaum mehr atmen wenn er da war. Meine große Tochter musste sowieso das Zimmer verlassen, wenn er kam, und die Kleine ging freiwillig mit. Ein Leben war das. Meine berufliche Leistung ließ zusehends nach und ich wollte Maßnahmen ergreifen. Eines Abends machte ich Z., der halb im Delirium auf meiner Couch lag, die Voraussage, dass er die längste Zeit hier sei und ich Meldung machen würde bei seiner Therapiestelle. Wir hatten auch große Probleme, da ich nicht mehr mit ihm schlafen wollte. Er machte mir ständig Vorwürfe, ein Verhältnis mit meinem Chef zu haben, weil ich so oft spät heimkam. Das war nicht so, ich war unschuldig, trotz allem war ich Z. treu gewesen. Er fing provokativ an, seine Kartons auszupacken, suchte sein Zeug von vor der Verhaftung. Doch das hatte ich vernichtet und sagte es ihm auch, da rastete er aus. In der Vergangenheit hatte er mir schon viel angetan. Meine Bremsleitung am Auto durchgeschnitten, später alle Radmuttern gelöst, mich geschlagen und erpresst, doch das Beste sollte noch kommen. Er wurde immer aggressiver, schob meine Veränderung auf einen neuen Freund in meinem Beruf zurück, der Polizist war und als Vorarbeiter für mich arbeitete.

Doch ich wollte für mich und meine Kinder ein besseres Leben, ohne Angst und vor allem ohne Drogen. Auf einmal kamen alle alten Sachen zum Vorschein, aller

Hass brach heraus, er wollte jetzt mit mir abrechnen. Beim ersten Angriff wollte ich gerade meine Katze füttern, als er mich am Hals packte, mir fast den Kehlkopf abdrückte und mich an der Wand hoch drückte. Ich konnte mich losmachen, als Waffe eine geöffnete Dose mit scharfem Deckel in der Hand. Ich überlegte kurz, ob ich ihm die aufstehende Dose über die Kehle ziehe, dann wäre alles vorbei. Ein Gedankenblitz ... Der nächste war: Was wird dann aus den Kindern, wenn du dafür bestraft wirst? ... bei meinem Glück! Also ließ ich das sein.

Er griff mich noch öfters an. Dann ging es los, weil die Kinder noch nicht da waren. Ich sagte, dass die gleich kommen würden, doch er war so was von aggressiv und streitsüchtig. Im Grunde genommen ist dieser Mensch nicht normal und absolut gemeingefährlich. Als die Kinder kamen, gab er meiner großen Tochter einen Stoß an den Kopf, dass sie auf ihr Bett fiel. Die Kleine hatte noch eine Freundin dabei und die bekam gleich Angst. Ich ging dazwischen und bekam dann unzählige Schläge an meinen Kopf, sodass ich bis heute noch nicht weiß, wie ich das überlebt habe. Nach so vielen Gehirnerschütterungen, die ich schon hatte. Wie oft ich getreten und geschlagen wurde, weiß ich nicht mehr. Zum Schluss, als ich nicht mehr stehen konnte, trat er mir sogar mit dem Fuß ins Gesicht. Die Kinder schrien und weinten. Ich rief um Hilfe, um ihn zur Ruhe zu bringen, denn dann würde er Angst bekommen, doch niemand im Haus half uns. Bei acht Parteien. Das fremde Kind war völlig verstört und wollte heim. Ich machte ihm klar, dass entweder ich es heimbringen musste oder die Eltern der Kleinen stünden bald vor unserer Tür. Mit diesem Trick habe ich mich mit den Kindern retten können.

Verletzt wie ich war, ging ich zuerst zu einem mir bekannten Polizisten. Er konnte mir auch nicht helfen. Die Polizei nahm meine Anzeige auf und schickte mich zu Z. zurück in meine Wohnung. Keine Chance, ihn loszuwerden, obwohl das meine Wohnung war und er nur Untermieter. Was für Gesetze! Musste mit meinen Kindern zwei Tage bei einer Freundin unterkommen, mir ging es sehr schlecht und ich sah aus wie über das Pflaster gezogen. Ich setzte alle Hebel in Bewegung und telefonierte so lange mit dem Staatsanwalt in Kleve, bis Haftbefehl erlassen wurde.

In den zwei Wochen, in denen Z. noch frei war, hat er uns ständig in Angst und Schrecken versetzt. Als ich mit drei Kindern und meiner Nachbarin auf der Autobahn war, merkte ich, dass sich meine Räder am Auto lösten. Mit 20 km/h schnell runter in die nächste Werkstatt, wo festgestellt wurde, dass mir alle Radmuttern angelöst waren. Das war deutlich an Kratzspuren von Werkzeug zu erkennen. Frisch. Gott sei dank lief schon ein Haftbefehl, der nach einigen Katz-und-Maus-Spielchen à la Z. zugriff. Er war endlich wieder in Haft. Seine Tochter war geschockt fürs Leben; sie musste eine Woche später eingeschult werden und würde wohl Probleme haben.

Die Angst, noch mal ihrem Vater begegnen zu müssen, lässt sie aggressiv und hilflos am Leben vorbeigehen, uns allen geht es schlecht. Wir müssen alle in psychotherapeutische Behandlung. Es wurden Unterlagen von den Schulen und vom Tagheim gemeinsam mit einer

Kinderpsychologin erstellt. Ich war ja so verletzt und schaffte das alles nicht mehr allein. Was mit mir geschah, kann ich kaum in Worte fassen.

Nachdem Z. aus der Wohnung war, ging die alte Angstleier von vorne los. Wehe mir, ich würde es nicht überleben, wenn ich die Anzeige nicht zurückzog. Doch mein Gesundheitszustand war so schlecht, dass ich glaubte, ich muss mein Leben hergeben. Mein Kopf war eine einzige Wunde, mein Kehlkopf schien beschädigt zu sein. Eigentlich hätte ich laut Arzt ins Krankenhaus müssen, doch ich hatte niemanden für meine Kinder und so musste es gehen. Mein Leben war durch Z. einsam geworden, viele hatten Angst vor uns wegen ihm. Zum anderen möchte ich sagen, dass ich seit zweieinhalb Jahren als Objektleiterin tätig bin, und als Manager ist der Kopf das A und O. Meine Arbeit litt so sehr und mein Ruf wurde von Z. so zerstört, dass ich wiederum die Firma wechseln musste. Ich war im Ganzen drei Monate sehr, sehr krank, davon sechs Wochen krankgeschrieben. Konnte nur noch mit Halskrause im sitzen schlafen, wenn überhaupt. Das Kopfkissen tat so ... weh.

Heute nach über einem halben Jahr geht es mir immer noch nicht so gut. Ich habe seit der Tat ein sogenanntes Cervikalsyndrom, leide ständig unter Verspannung und Kopfschmerz was bei Stress und Aufregung unerträglich wird. Mein Zyklus ist schwer gestört, mein Gleichgewichtssinn wird stets unsicher bleiben für die nächste Zeit. Folgeschäden sind nicht auszuschließen. Durch schwere Medikamente (Morphium) und wieder Drogen, die ich in hoher Dosis brauchte, um überleben zu können vor Schmerz, klappte ich total zusammen. Habe nie entgiftet und hatte dreimal Nierenbeckenentzündung in kürzester Zeit. Meine Nieren sind stark angeschlagen. Habe eh nur eine voll intakte Niere. Die andere ist eine Senkniere und arbeitet nicht voll. Alles in allem möchte ich sagen, dass ich durch Z. diesmal fast zerstört wurde. Und niemand hat geholfen! Gibt es noch eine Staatsgewalt?

Wie blöd fing ich in meiner neuen Arbeit von vorne an. Jetzt nach vielen Monaten bin ich noch nicht in Vollbesitz meiner Kräfte und langsam, ganz langsam fange ich wieder an, ohne Kopfschmerz denken zu können. Welche Folgen sonst noch kommen können, weiß niemand, doch ich bleibe für mein Leben gezeichnet. Mein Kehlkopf ist verschoben und deshalb mein Hals sehr eng geworden. Trinken und essen kann ich nur noch in kleinen Mengen, sonst meine ich zu ersticken. Mein Genick und alles in meinem Kopf knackt und malmt. Alles in allem war es nur Glück, dass ich diesen unter anderen versuchten Totschlag überlebt habe. Im Attest des Arztes steht: »... dass es sich um eine gefährliche Körperverletzung handelt, die zum Tode hätte führen können.«

Wer will die Verantwortung übernehmen für mich und meine Kinder, wenn dieses Tier noch einmal auf uns oder sonst jemanden losgelassen wird. Wegen Z. kann ich sagen habe ich meine Bewährung vertan und müsste zurzeit entweder in die Psychotherapie oder hinter Gitter, denn eines ist gewiss: Das nächste Mal ist einer von uns tot, wer immer es auch sein mag. Für mich gibt es in Verbindung mit Z. immer nur die Frage, welche Art von Hölle ich leben will. Ihn friedlich zu halten und mich somit ständig strafbar zu machen oder eben nicht leben können ohne Angst und Schrecken. Wer auch immer mit Z. zu tun hatte im Abhängigkeitsverhältnis, hasst ihn heute ebenso wie ich und meine Kinder und ich bitte die Staatsanwaltschaft, jetzt endlich diesen Mann für all seine Schandtaten zu bestrafen. Das ist ein ehrlicher, ohne Rücksicht auf mich und meine Kinder, von ganzem Herzen her geschriebener Brief, um meine Hilflosigkeit darzulegen. Ich bitte um Rehabilitation. Z. hat mich geschlagen in einer Zeit, wo ich beruflich anfing, als rechte Hand des Chefs mitzuarbeiten. Durch nichts wollte ich uns mehr gefährden. Und lieber sparsam leben als durch illegale Geschäfte auch nur eine Mark zu verdienen. Ich wollte sauber bleiben und gut in meiner Firma sein. Zu meinem persönlichen Bedauern musste ich aufgeben und bin sehr unglücklich seitdem, nahm wieder Drogen.

Jetzt nach über SECHS MONATEN kann ich wieder Leistung bringen und werde geschätzt in meiner Firma, ich liebe meinen Beruf und verdiene jetzt sehr gut in einer großen Reinigungsfirma als Objektleiterin. Sollte Z. wieder auf freien Fuß kommen, weiß ich nicht, was ich tue. Weiterleben mit dem Schrecken von Z. kann und will ich nicht und bitte um endliche Hilfe nach diesen SIEBEN JAHREN TERROR. Es ist nur ein kleiner Teil des wirklichen Wahnsinns, was hier auf Papier steht, mindestens dreimal so viel steht zwischen den Zeilen, und dies zu lesen überlasse ich Ihnen und der Staatsgewalt die sie vertreten.

Hochachtungsvoll ...

Bei unserer Verhandlung sagte Z. aus, dass er mir nie etwas angetan hätte. Er bekam drei Monate Knast auf vier Jahre Bewährung. Ferner das Verbot, sich mir und den Kindern nicht näher bis auf 10 Metern zu nähern. Lebenslang, es sei denn, jemand von uns hebt das auf. Freiwillig?! Höre die Worte des Richters: »Herr Z., ich kann Ihnen nicht das geben an Strafe, was sein müsste, doch diese Frau hat lebenslänglich, niemand kann die Ausmaße der Misshandlung richtig einschätzen, die zum Tode hätten führen können.«

Man ist nie einsam mit Drogen, doch Drogen machen einsam. Besonders harte wie Kokain, Heroin. Ich zog mich dann meist von den Liebsten zurück, war selig mit mir selbst. Wie immer bis zum Absturz. Welch ein Teufelskreis, Z. war wieder frei und er wollte mich in Ruhe lassen, endlich. Tatsächlich brach unser Kontakt persönlich ab, jedoch über seine Mutter in Jugoslawien erfuhr er, wie es seiner Tochter und mir erging, so alle paar Monate oder Jahre.

Mein Leben nahm von da an eine zuerst positive Wendung. Machte mich selbstständig als Objektleiterin und übernahm in Eigenregie die Reinigung mehrerer Objekte, die sieben Tage Programm hatten. Machte alles selbst, vollkommen unmöglich, da nicht irgendwann durchzuhängen. Den Körper hoch puschen, das Bestmögliche raus holen. Das kannst du solange machen, solange du guten und viel Stoff hast. Rauchen zum Runterkommen. Mein Leben ein gekämpfter Rausch, doch ich habe relativ gut verdient, uns ging es recht gut. Meinen Kindern fehlte es an nichts – außer ihre Mutter, da ich viel unterwegs war, alles hat seinen Preis. War allein, ganz bewusst von ein paar Abenteuern abgesehen, die mich nicht sehr berührten.

Da trat mein Spanier wieder in mein Leben und wir taten uns ernsthaft zusammen. Erst war alles rosig, eigene Grasplantage, genug Sex, Drugs and Rock'n'Roll, hatte mein Hobby, das hieß Bruce Springsteen. Seit Jahren war ich Fan und das ließ mich nicht mehr los. Nahm mich sehr ein, war wieder viel unterwegs, teils als Kurier, teils um meinem Hobby nachzugehen auf Konzerten, Treffs mit anderen Fans. Musik hören ohne Ende. Grundlose Eifersucht beim Partner. Doch in der Liebe wieder mal kein Glück, alles Zwang am Rande der Hölle. Wieder mal am Ende, wieder mal neu anfangen. J. hatte alle meine eigenen Möbel zersägt und verheizt. Also forderte das Leben wieder mal seinen Tribut.

Fing mit meinen Kindern in neuer Wohnung noch mal ein neues Leben an. Suchte mir einen seriösen Job und wollte sauber leben. Doch die Einsamkeit machte mir einen Strich durch die Rechnung. Nachts arbeitete ich selbstständig als Kurier, tagsüber den halben Tag schlafen, den halben Tag Mutter sein, das reichte mir nicht, ich wollte was erleben. Und so kam es, dass ich auch noch in den Abendstunden wieder als Aufsicht und bei Gefallen als Mädchen für (fast) alles arbeitete. Brauchte den Kick, Männer ganz klein und schwach zu sehen, sie in meiner Hand und nicht umgedreht. Das ließ in mir Befriedigung aufkommen, dazu noch wie üblich Haschisch und heftig Koks, das Leben war getrieben von Flucht in einen Traum. Raus aus der Wirklichkeit, die so öde war. Poolpartys, Sexorgien ... Ich suchte die Konfrontation mit meiner wunden Seele und ließ mich gut bezahlen. Ein Orgasmus bei mir kostete damals rund 500 DM, das war was Besonderes, eine Hure die echt ist. Nicht nur Business, sondern echter Sex. Meine Mädels hatten mit mir viel Spaß und der Laden lief gut. Absurde Fantasien, Erniedrigung, Schmerz, auch im SM-Studio hatte ich richtig gut zu tun. Was Menschen oft brauchen, um sexuelle Befriedigung zu erlangen, ist kaum fassbar und doch faszinierte mich das Ganze. Machte richtig geil und ich lebte mich aus.

Mein Leben war mal wieder wie im Film und ich übertrieb alles gnadenlos. Schnell war ich leer gepumpt und brauchte was, das mich unempfindlich machte und stark. Das waren mal wieder Heroin und Morphin. Feierte mit Drogendealern und Kunden Partys tagtäglich und spürte bald nichts mehr. Liebe gab es sowieso nicht, und Sex war nur noch Arbeit. Niemand sollte mich mehr innerlich berühren können und dadurch schwach und verletzlich machen.

So trieb ich es ein paar Jahre, bis alles wieder mal im Chaos endete. Irgendwann kommst du an einen Punkt, da gibt dir die Droge nicht mehr das, was du wünschst. Du brauchst sie. Rauchen ist rein psychisch und im Griff zu haben. Aber Koks und speziell Heroin, die hat der Teufel gesehen. Du willst weg und dein Körper schreit »Ja, ja gib's mir endlich«, damit der Schmerz aufhört. Das Gezappel in den Nerven, das miese Gefühl im

Bauch, dein ganzer Körper schreit vor Schmerzen und du bist schwach und lässt dich darauf ein, um endlich wieder high zu sein. Der Wirklichkeit entfliehen: »Diesmal noch und dann höre ich auf!« Doch du tust es nicht, merkst, wie dein Körper streikt und sagen will: »Stopp, höre auf, dich selbst umzubringen.« Ein psychischer und physischer Tod auf Raten. Du weißt das und machst trotzdem weiter. Bis mal wieder nichts mehr geht. Das Leben zieht an einem vorbei, der Teufelskreis perfekt. Es geht nichts mehr, nicht mit Drogen und erst recht nicht ohne sie. Der Tod könnte nicht schöner sein, besser jedenfalls, als so weiterzuleben. Das war der Punkt, an dem ich mir gesagt habe: Entweder hörst du sofort auf oder machst ein ENDE.

Begab mich dann in eine Ersatzstofftherapie, für zwei Jahre unter ärztlicher Aufsicht und auf eigene Kosten. Jetzt war ich suchtverlagert, brauchte immer noch täglich meinen Stoff, um zu funktionieren, das blieb mehrere JAHRE so: Ersatzstoff Codein. Und fing wieder von vorne an unter ärztlicher Droge. Zuerst auf Privatrezept, und als der Arzt nicht mehr mitmachte, holte ich es mir von Dealern. Bezahlen musste eh immer ich selbst.

Und dafür arbeitete ich selbstständig, gründete mit zwei Geschäftspartnern eine GmbH und wir hatten gut Aufträge. Alles musste neu her: Autos, Reinigungsgeräte, Büro. Viel investiert, viel bezahlt wie gearbeitet und über Nacht war alles weg. Ich arbeitete in meinen Objekten, bis ich merkte, jemand verfolgt mich. Angesprochen wurde ich von der ›Steuerfahndung‹, das war mal was anderes. Und wie anders es mir wurde. Meine Partner waren auf und davon, ab nach Amerika auf Nimmerwiedersehen. Hatten mir netterweise alles zurückgelassen – leere Lager und Büroräume, das Auto musste ich zurückgeben, unsere Aufträge kündigen, unsere Leute entlassen. Und das waren nicht wenige. Das Beste daran war, dass ich immer bezahlt hatte, was ich benutzte oder fuhr. Doch nichts war angekommen, die hatten alles zur Seite geschafft. Ein von vorne herein geplanter Betrug. Und ich stand alleine da, als Einziger, der greifbar war. Löste alles auf, meldete wieder mal meinen totalen Bankrott an. Das waren meine ehemaligen Vorarbeiter, zwei ehemalige Kriminalbeamte. Und jetzt schon wieder mal wie immer zurück in den Teufelskreis: Grübeln, grübeln. Warum mal wieder alles kaputt? Dein Leben ein Scherbenhaufen! Keine Lust mehr auf kämpfen. Absturz wieder mal vorprogrammiert! Du fällst in ein Loch, wirst fast verrückt vor sich immer drehenden Fragen im Kopf. Abschalten, einfach abschalten! Du musst funktionieren, ob du willst oder nicht, denn da sind ja noch deine Kinder. Die sollen glücklich bleiben dürfen. Alles abfangen. Aber wie? Erst mal schließt sich der Teufelskreis perfekt, indem du dich zudröhnst und nicht mehr aufwachen willst. Einfach vergessen, an gar nichts mehr denken, rumhängen und dir eine nach der anderen geben.

Dann vergisst du wieder alles Schlechte und leider auch alles Gute. Nach einer Strichninvergiftung, die mein Suchtarzt zu Hause behandelte, mich quasi zwei Tage vor dem Tod rettete, stand ich wieder auf. Wieder mal konnte ich mich nur selbst über Wasser halten, indem ich teils vom Amt, teils als Kurier und teils vom Job als Geschäftsführerin in einem Club lebte. Alles miteinander reichte gerade so, um meinen immensen Konsum zu finanzieren. Ich war keine Dealerin mehr, sondern nur noch beste Kundin. Ein Einfamilienhaus wäre bestimmt bezahlt davon gewesen, was da auf den Kopf gehauen worden war. Doch das ist mir egal gewesen, war bereit, jeden Preis dafür zu bezahlen, mich selbst zu verkaufen. Hauptsache nicht aufwachen und erkennen, wie allein man ist, nicht in Trübsal verfallen und aufgeben. Doch nüchtern habe ich nichts mehr angepackt.

Von da an waren die Drogen wieder einmal meine liebsten Freunde und die Freunde, die dazugehören. Wollte trotzdem immer nur gut überleben, meine Kinder groß kriegen und ihnen trotz allem eine gute Mutter sein. Arbeitete, lebte und konsumierte – täglich. Gegen meine innere Einsamkeit, die mir nichts und niemand je ganz nehmen konnte. Wann würde das enden? Kinder werden groß, gehen aus dem Haus und kommen eines Tages zurück, wenn sie Pech im Leben haben.

So begann das zweite Kapitel meines Lebens; Kinder und Kindeskinder. Kaum hätte ich mir erträumt, was das von mir abverlangt. Und doch hat mich gerade dieses Erlebnis endlich aufgerüttelt, nicht mehr an mich, sondern nur noch an eines zu denken: »Wie können wir alle überleben?«

Ich versuchte es nun ausschließlich mit ehrlicher Arbeit und landete fast im Obdachlosenasyl. Dank Freunden konnte ich noch mal mit Hilfe einer Ärztin ohne Drogen von vorne anfangen. Musste in eine kleinere Wohnung ziehen und mich von meiner großen Tochter trennen. Ihr in ein eigenes Leben hinein helfen. Sie hatte ihre Schule fertig, einen Job, einen festen Mann an ihrer Seite, ein Auto. Es war Zeit, ein Kind loszulassen, und – oh Wunder, wer hätte das gedacht – sie hatte zeitlebens nichts mit Drogen zu tun. Das ist Stärke und ich glaube auch, dass das Leben mit mir diesbezüglich eher negativ und warnend auf sie gewirkt hat. Danke meinem Gott dafür, dass er mir genug Stärke für meine Kinder mitgab, sie gute Menschen werden zu lassen. Habe sie nie vernachlässigt, sie standen immer an erster Stelle und ich bin bewusst allein geblieben, um ihnen schlechte Erlebnisse möglichst zu ersparen. Genug war genug.

Doch das Leben geht erbarmungslos weiter. Mit meiner 14 Jahre alten Tochter fing ich also woanders noch mal von vorne an. Suchte mir Arbeit und sah meinem Kind beim Erwachsenwerden zu. Half ihr, in einer guten Schule noch mal Fuß zu fassen und sie schaffte den Realschulabschluss ohne Probleme. Bewarb sich im Ausland und durfte über einen Kulturverein ein Jahr in die Dominikanische Republik und ein spanisches Schuljahr machen, mit Stipendium. Lebte in Gastfamilien und es ging gut. Ihr ging es gut.

Für mich wurde dieses Jahr zum Prüfstein, jetzt war ich wirklich allein. Außer meine Katzen wollte niemand was von mir. Ich konnte endlich tun und lassen, was ich wollte ohne große Verantwortung. Eigentlich hätte ich dies genießen sollen, doch das Gegenteil war der Fall. Mein Leben war leer und ohne Halt. Es geschah, was kommen musste. Meine innere Leere war so groß, dass ich wieder mal innerlich zu erfrieren drohte. Ich rauchte viel zu viel und steigerte meinen Konsum zusehends. Rauch genügte mir nicht lange, zusätzlich nahm ich abwechselnd Methadon, Polamidon, Rohypnol, öfters auch Kokain und Speed, leider irgendwann auch wieder Heroin. Meist gab ich mir selbst die dicksten Cocktails aus. Suchte mir gute Connections, wo es alles gab, meist auf Kommission und finanzierte mir durch Tausch und kleinere Abgaben meinen Eigenbedarf. Das geht so schnell, dann kannst du wieder nicht anders, als dich selbst zu belügen. Ist ja nur eine WEILE, nächste Woche höre ich auf. Alles nur geträumt. Niemand, der dich aufhält, weil du es ja so gut verstehst, nach außen hin noch normal zu wirken. Der Weg in die Isolation vorprogrammiert. Dann ist der Job zu viel, du gibst auf und tauchst ein in ein Meer von Traumbildern. Viel nimmst du dir vor, doch es geschieht nichts. Tage, Wochen, Monate vergehen, dein Tag ist immer gleich. Ausschlafen, egal wie lange, paar häusliche Pflichten wie Tiere versorgen und nebenher schon wieder die nächsten Aktionen planen. Fortgehen und was besorgen, am besten von allem etwas und nichts wie heim und Party mit dir selbst feiern. Das geht so lange, bis nichts mehr da ist, meist kippst du weg und lullst einfach vor dich her. Ein vegetativer Stillstand. Und der geht so lange, wie du was hast. Wehe, es gibt nichts! Dann hört die Erde auf, sich zu drehen, alles an dir ist abhängig vom nächsten Turn und du machst immer weiter, obwohl du nichts mehr machen wolltest. Wieder mal, jetzt schon so alt und immer noch so dumm. Aber eben auch haltlos und einsam, verzweifelt, ohne wahre Liebe, verletzt und ausgebeutet, missbraucht vom Leben. Keiner vermisst dich, wenn du jetzt gehst.

Und doch habe ich es irgendwie allein geschafft, fast clean zu werden – bis auf Rauchen und Ersatzdroge. Meine Kinder waren weg und ich in meiner Höhle, wo mich niemand erreichte. Dann verlor ich in kurzer Zeit meinen Bruder, meinen Onkel, meinen Vater, seine Lebensgefährtin und meine Freundin, mit der ich aufwuchs; sie wurde als Touristin in der Türkei umgebracht, ja, richtig abgeschlachtet. Alle tot in nicht mal einem halben Jahr. Das war wieder mal zu viel für mich. Flucht, nur noch Flucht und kein Ende in Sicht.

Bis endlich mein Kind wieder zurückkam. Jetzt musste ich mich zusammen nehmen, meinem Kind eine Perspektive geben. Was sollte sie mit mir anfangen, wenn ich die ganze Zeit dicht auf dem Sofa lag und schlief? Was sollte sie dadurch vom Leben erwarten können? Das durfte nicht passieren und ich wollte es noch einmal schaffen, ein ganz normales Leben zu führen. Doch was ist das, unter all den Umständen, in denen ich mich befand? Also musste ich dafür sorgen, dass wenigstens sie weiterkommt und eine Zukunft hat. Ich hatte ja etwas geerbt und das legte ich gut an. Für mich ein Auto und für meine Tochter eine Privatschule, wo sie ihr Sprachtalent ausbilden ließ. Hat jetzt drei Sprachdiplome, die ihr im Leben helfen werden.

Doch das Leben ist kein Wunschbaum und du musst es nehmen, wie es runterkommt. So auch jetzt. Ich kämpfte nach wie vor gegen mich selbst und auf einmal tritt etwas Neues und Einzigartiges in dein Leben. Dein Kind bekommt ein Kind, ich sollte Oma werden. Das musste überlegt werden und Gott sei Dank wollten wir alle dieses Kind. Doch was bedeutet das für mein Kind? Schnell erwachsen werden, Schule fertigmachen trotz Schwangerschaft, hoffen auf Gemeinsamkeit mit dem Partner. Und erst schaffte sie es. Schule gut bestanden, Kind gesund geboren – ein Junge. Mama, Papa ... alle froh und glücklich. Man sorgt für ein Nest der kleinen Familie und hofft, alles geht gut. Mit Ausbildung erst mal Pause, doch aufgeschoben ist nicht aufgehoben. Ich wollte das im Auge behalten. Und clean sein für meine neue kleine Familie.

Zuerst ging alles gut, sogar ihren Vater Z. trafen wir nach Jahren wieder, jetzt war er stolzer Opa. Doch nur kurz. Ich ertrug seine Anwesenheit nicht, die Vergangenheit holte mich ein. Angstzustände, Albträume oder gar kein Schlaf, eine innere Hölle tat sich auf. Wie unter Zwang traf ich mich mit Z. in seinem Hotel. Er tat so, als wäre nie etwas Schlechtes geschehen, konnte oder wollte sich nicht erinnern. Einmal ging es gut, sogar im Bett, doch danach wollte ich nur noch weg. Ihn so schnell nicht mehr wiedersehen. Nach ein paar Telefonaten gab er auf und verschwand wieder aus unserem Leben. Das blieb auch so, er galt als verschollen.

So hätte es bleiben können. Ich war stark, rauchte nur und hatte jede Menge Freude an meinem kleinen Enkel. Half meiner Tochter beim Muttersein. Doch das war ein kurzes Glück. Irgendwann erklärten mir meine Tochter und ihr Partner, sie würden auswandern nach Mallorca. Hatten dort Arbeit und Wohnung, also wieder mal alles beendet, was so schön war für mich. Sie lösten hier alles auf und stiegen ins Flugzeug.

Wieder alles auf Anfang. Leere und Enttäuschung. Jetzt schien ich wirklich, auf lange Zeit allein zu sein. Mein Enkel wuchs ohne mich auf. Wir hatten zwar Kontakt, aber sehen konnten wir uns nur zweimal im ersten Jahr. Ich war wieder verloren in dieser Welt und wie so oft suchte ich mir Ablenkung. Knüpfte neue und alte Kontakte, die wieder mal nur das Eine brachten – Drogen.

FUER WEN SOLLTE ICH MICH BEHERRSCHEN?

Das war mein erneuter Absturz in Alles. Doch man wird unempfindlicher, du brauchst immer mehr, um den richtigen Kick zu bekommen. Der Körper gewöhnt sich schnell daran und bald hat dich alles wieder eingeholt.

So sollte jetzt mein Leben sein, Kinder in aller Welt verteilt, Freunde, die nur auf Profit durch mich aus waren, ich ließ mich einfach treiben. In dieser Zeit war mir auch jeder Job egal, fühlte mich eh wie achtzig und unfähig, klar und nüchtern zu denken. Ein Sumpf, der dich immer weiter in Isolation und Verzweiflung zieht. Kein Licht am Ende des Tunnels. Fühlte mich leer, und mein Dasein war sinnlos. Nur nicht nachdenken, Hauptsache, der Kopf ist dicht und der Körper schreit nach immer mehr. Und niemand, der dich aufhält, du selbst hast dich längst aufgegeben. Wie oft warst du schon an diesem Punkt. Jetzt konnte und wollte ich nur noch das Eine: versuchen, mich zu Tode zu rauchen, doch das geht nicht. Also fing ich an zu bunkern, einen dicken Vorrat schaffen für die letzte Nacht in meinem Leben. Nichts erschien mir schöner als einzuschlafen und nie mehr aufwachen zu müssen. Sollten doch alle sehen, wo sie blieben, mich brauchte niemand auf dieser Welt. Die Gedanken drehen sich im Kreis, du bist einfach nicht fähig, vom Zug abzuspringen. Doch ich war auch nicht fähig, den letzten endgültigen Schritt zu tun. Ließ mich einfach treiben. Die einzige Freude in meinem Leben war wieder mal meine Musik von Bruce. Er rüttelte mich immer wieder wach, doch wieder aufzustehen und weiterzumachen. Es musste doch noch was geben, für das es sich lohnt, richtig zu leben. Die Liebe hatte ich längst abgeschrieben. Hatte zwar einen Freund und Verlobten, doch ich lebte nach wie vor mein einsames Leben, weil ich niemanden in meine zugedröhnte Welt eindringen ließ. Sex gab mir nichts mehr, mein Körper war unfähig, etwas zu empfinden. Alles aus der Vergangenheit holte mich wieder ein und ich ließ mich sinnlos treiben. Versank in Depressionen und Selbstmitleid, doch nach außen hin wirkte ich stark und tapfer wie eh und je. Mein Leben eine einzige:

Selbsttäuschung und Lüge!

Niemand wusste, wie kaputt ich wirklich war, ich hatte nichts mehr im Griff. Kurze Zeit war meine Tochter zu Besuch in Deutschland, und ich richtig drauf. Keine KRAFT in mir, Nein zu sagen, verheimlichte allen meinen wahren Zustand. Nur unter Drogen, vor allem HEROIN, war ich fähig, den Alltag zu überstehen. Und niemand in unserer Familie hat wieder mal was davon mitgekriegt. Ich war eine gute Schauspielerin, mir ging es ja gut. So ließ ich alle in dem Glauben. Leben am Existenzminimum, dealen für den Eigenbedarf und der wurde zusehends größer. Jetzt war ich wirklich richtig drauf: Polamidon, Heroin, Koks, Speed, Pep, Morphin, Rohypnol und vor allem von morgens bis abends Haschisch. Ein Film, bei dem das Ende noch nicht geschrieben war. Sollte so mein Leben enden, ohne Liebe, ohne innere Seligkeit? Nichts und niemand gab mir noch etwas, ich war verbittert und noch einsamer. Selbst meine Droge nahm ich nur noch, um irgendwie zu überleben, obwohl ich nicht wusste, für was. Niemand brauchte mich und ich hoffte auf mein Ende!

Und doch, plötzlich war alles wieder ganz anders. Meine Tochter kam zurück zu mir mit meinem Enkelkind. Hatte ja ihr Zimmer so gelassen wie es war, erstens aus Laschheit und zweitens aus Angst vor der Endgültigkeit, wenn ich es änderte. Jetzt musste ich aufpassen. Mutter und Kind bei einer hoch Drogensüchtigen? Konnte das gut gehen?

Ich versuchte zu funktionieren, Abstand zu bekommen, wollte ehrlich aufhören, mich kaputt zu machen. Doch ich schaffte es nicht. Ein Rückfall folgte dem anderen und ich beließ es dabei. Dazwischen war ich Mutter und Oma. Meine Tochter war zwar hier, doch ich blieb in meiner Hölle. Auch sie konnte mir nicht helfen – sie wusste ja von nichts –, den Ausstieg zu schaffen. Wenn ich es versuchte, ging es mir so schlecht, dass ich nicht fähig war, den Alltag zu bezwingen. Dazu kam noch, dass meine Tochter jetzt selbst große Probleme zu haben schien. Sie haderte so mit ihrem Leben. Sah sich selbst ins Abseits gedrängt. Irgendwas war immer zwischen uns. Von ihrem Freund hatte sie sich getrennt, sahen sich nur noch wegen des Kindes. Sie sah alle Chancen auf Zukunft davon schwimmen. Versuchte, ihr Mut zu machen, doch sie ließ mich nicht an sich heran. Irgendetwas war da, was uns immer mehr auseinander rücken ließ. Das war nicht mehr mein Kind, sie war depressiv, aggressiv und unzufrieden mit sich und ihrer Umwelt. Nie hätte ich erraten, was los ist. Also flüchtete ich auch noch vor meinem eigenen Kind. Irgendwas machte mir große Angst, dass auch ihr Leben ein Fluch werden sollte. Meine Drogen waren mal wieder mein größter Halt, nur sie gaben mir innere Ruhe. Welch Selbsttäuschung.

Eines Abends, ich saß mal wieder dicht auf meiner Couch, da kam der Vater meines Enkels zu Besuch. Irgendwas war komisch, sie gingen weg, kamen wieder und er kam zu mir. Müsste ganz dringend mit mir reden, da es meiner Tochter nicht gut gehe. Außerdem müsse er mir sagen, dass ich noch mal Großmutter werden würde. Aber auch, dass meine Tochter das Kind nicht wolle, nicht alleine ohne Perspektive mit zwei Kindern bleiben und deshalb würde sie das Kind weggeben zur Adoption.

Bumm – das saß, glaubte, der Boden bricht unter mir weg. Fragte, wann das Kind komme und erhielt die Antwort: Heute Nacht! Das war erst mal ein richtiger Schock für mich. Was war ich für eine Mutter, die nicht merkt, dass ihre Tochter schwanger ist ... bis zum Schluss! War ich so mit mir und meinen Drogen beschäftigt, so blind gewesen? Was war los mit meiner Tochter, zu was hatte ich sie erzogen, in viel Freizügigkeit und großer Liebe und Zuneigung. Wie sollte ich ihr entgegentreten? Verständnislos? Verständnisvoll?

Zuerst war ich stumm und geschockt, konnte und wollte einfach nicht wahrhaben, was da jetzt wieder in meinem Leben so grundsätzlich schief ging. Natürlich liebte ich meine Kinder ohne Wenn und Aber, doch das überforderte mich ganz gewaltig. Wie unter Schock fuhr ich nachts meine Tochter dann in eine Klinik, in der sie anonym entbinden konnte. Ich musste wieder nach Hause, denn da gab es ja noch meinen Enkel, der gerade mal 14 Monate alt war. Und jetzt ein Geschwisterchen bekam und es aber gleich wieder verlor. Welch Tragik. Meine Gedanken rasten im Kreis, wollte noch hoffen, dass sich meine Tochter noch besann. Doch dem war nicht so; nach ein paar Stunden ließ sie sich von mir wieder abholen und kam ohne Baby zurück zu mir. Das hatte ich ehrlich nicht erwartet. Auf meine Fragen bekam ich nur diese Antwort: »Es ist ein Junge und ich habe ihn nicht angefasst.«

Völlig am Ende stürzte ich mich erst mal wieder in meine eigene Welt, dröhnte mich zu, um ja nicht durchzuknallen. Am liebsten hätte ich alles aus meiner Welt heraus geschmissen. Wollte nur noch alleine sein und nachdenken. So konnte und wollte ich nicht weiterleben, mit so einer Schuld, stets zu wissen, da ist ein Kind alleingelassen, weggegeben wie ein Stückgut und wird immer spüren, mir fehlt was! Ohne Mutter wird ihm immer was fehlen und das ist kein guter Anfang.

Für mich war das wieder mal das psychische Ende,

habe versagt als Mutter und Großmutter ebenso wie als Mensch. Ist das die Strafe für all meine Exzesse, meine Drogenkarriere, meine Schwäche, doch immer nur eines gesucht zu haben: Wärme und Liebe, mich endlich geborgen zu fühlen? Das konnte mir sonst niemand geben. Und ich verlor wieder mal jeglichen Halt, verzog mich erstmal, um mir im Klaren zu werden, was jetzt passieren sollte. Meine Gedanken drehten sich nur noch um das Baby. Ich litt Höllenqualen, hatte ich doch jetzt mein Kind und deren Kinder verloren. Ich konnte sie nicht mehr ertragen, wenn sie dieses Kind wirklich seinem Schicksal überließ, das war mir in meiner tiefsten Seele zuwider. Und ich fing an, um dieses mir unbekannte Wesen zu kämpfen. Redete auf meine Tochter Tag und Nacht ein, alles rückgängig zu machen, doch sie stellte sich tagelang stur. War eiskalt. Mich fror es von innen heraus so sehr und ich stürzte wieder mal so richtig ab. Glaubte mein Kopf würde zerspringen bei all den Geschehnissen – und kein Ausweg weit und breit. Was konnte geschehen, ich war ja selbst unfähig, einen klaren Gedanken zu fassen, so zugedröhnt wie ich stets war. Mein Herz schien auszubluten.

Und dann – Klick! Auf einmal fiel es mir wie Schuppen von den Augen, ein Versuch, noch zu retten, was schon als verloren galt. Ein Kind wegzugeben, heißt es ständig als schwarzes Damoklesschwert über sich zu tragen. Meine Tochter war verzweifelt, der große Traum vom Leben an der Seite eines Mannes, mit ihm Kinder großzuziehen, im Ausland leben, einen Beruf haben, alles war geplatzt. Stattdessen saß sie wieder bei ihrer Mutter in einer kleinen Zwei-Zimmer-Wohnung mit schon einem Kind, wohin also mit dem zweiten. Finanziell war auch alles sehr schwierig und sie sah kein Licht am Ende des Tunnels. Darum all ihr Tun, ihre Heimlichkeiten vor mir. Hätte der Vater der Kinder mir nicht alles gesagt, ich hätte es nie erfahren. Meine Tochter wollte alles geheim halten. Doch zum Glück ist alles ganz anders gekommen als geplant. Dieses Geschehen hat mich bis ins Mark getroffen. Ich kann sein wie ich bin mit all meinen Schwächen und Eskapaden, aber wenn es um das wesentliche im Leben geht, wie Kinder, hört der Spaß auf. Meinen hat es an nichts gefehlt, ich habe stets nur versucht zu überleben, wenn man stolpert und hinfällt, aufstehen und weitermachen, immer weitermachen. Wegen meinen Kindern konnte ich auch nie eine längere Therapie machen. Keinen Tag wollte ich sie missen und später habe ich keinen Sinn darin gesehen, mich einsperren zu lassen. Meine Freiheit war mir immer sehr wichtig, die Freiheit, selbst zu entscheiden, was gut und richtig war. Jetzt wurde auf einmal so etwas über mich einfach hinweg gerollt. Fühlte mich zurück versetzt in die hilfloseste Zeit meines Lebens. Ohnmächtig und zutiefst traurig. Was sollte geschehen, was konnte ich tun? Kämpfen, kämpfen für dieses kleine Wesen, das uns geschenkt und nicht angenommen wurde. Ich überlegte lange und fasste einen folgenschweren Entschluss für mich und unser aller Leben. Musste von heut auf morgen eine Entscheidung für die Zukunft treffen, meinem Kind und ihrem Kind ein trauriges Schicksal ersparen. Denn dass meine Tochter dies alles unter dem Druck der Verzweiflung getan hatte, daran hatte ich keinen Zweifel. Doch konnte ich in meinem Zustand noch ein Kind großziehen? Für eine Therapie war keine Zeit, außerdem hatte ich Angst, dadurch alles kaputt zu machen und die Zeit drängte. Eine Mutter hat nur maximal sechs Wochen Zeit, ihr Kind zurückzuholen. Und meine Tochter sträubte sich anfangs heftig, wollte nichts unternehmen, da sie auf keinen Fall den Jungen haben wollte. Aber ich und der Rest der Familie. Also ging ich erst mal los zum Dealer meines Vertrauens und sicherte meinen Konsum für die nächste Zeit. Denn einen Entzug konnte ich mir jetzt nicht erlauben, denn damit wäre ich unfähig gewesen, etwas zu unternehmen. Also musste ich zusehen, dass ich stets so viel hatte, um fit zu sein und damit niemand etwas merkte. Bisher war das ja auch gut gegangen. Also erklärte ich meiner Tochter, dass nicht sie, sondern ich das Kleine großziehen würde. Sie muss nur selbst ihr Kind zurückholen und klären, dass es bei mir leben darf. Doch das ging in unserer kleinen Wohnung nicht und ganz alleine war mir die Verantwortung zu groß. Also entschied ich zu meinem Verlobten zu ziehen, mit Kind. Er hatte viel Platz und konnte uns ein Heim geben, außerdem wartete er ja schon Jahre auf mich. Habe diesen Schritt immer wieder aufgeschoben, weil ich erst meine Kinder auf eigenen Beinen stehen sehen wollte.

Jetzt war Eile geboten und er war sofort mit allem einverstanden, Hauptsache, ich würde endlich ein Leben mit ihm führen und er freute sich auf das Kind. Er konnte keine zeugen, hatte überhaupt so seine Probleme. Wir lebten eine Beziehung wie zwischen besten Freunden, denn das waren wir. Für mich genug Basis, ihm zu vertrauen, ich wusste, dass er nur mein Bestes wollte und mich ehrlich liebte als Mensch und so wie ich war, auch ohne großes Verliebtsein. Denn er wusste über mich fast alles, nur nicht, dass ich drauf war. Das habe ich stets verheimlicht, allen meinen liebsten Menschen.

Nach fast zehn Tagen ständigem Zureden setzte sich meine Tochter mit dem Jugendamt in Verbindung. Sofort kam eine sehr nette ältere Dame zu uns nach Hause zum Gespräch. Einen Tag später waren wir zusammen beim Jugendamt und ich erklärte, dass mein Partner und ich den Kleinen zu uns nehmen wollten. Da ich die Großmutter war und mit 46 Jahren noch jung genug, mein Partner war sogar erst 37, gab man uns die Zusage, den Kleinen zurückzuholen. Und schon zwei Tage später, an Gründonnerstag vor Ostern sollte es so weit sein. Das größte Osterei meines Lebens war gelegt! Erstmal habe ich alles Nötige besorgt und am Nachmittag sind wir zum Jugendamt gefahren. Dort wartete ein sehr nettes Ehepaar mit schon einem Adoptivkind und unserem Kleinen. Ein herzzerreißender Augenblick, als sich Mutter und Mutter gegenüber standen und das Baby endlich in den Armen meiner Tochter lag. Der angeblich sehr unruhige Kleine atmete einmal tief durch und entspannte sich total erlöst und wohlig. Er war uns allen wie aus dem Gesicht geschnitten, besonders meiner Tochter, und ich konnte nichts anders, als vor Glück weinen. Spürte sofort: Das hast du richtig gemacht. Die zwei finden sich. Irgendwann!

Ich muss zur Verteidigung meiner Tochter sagen, dass

sie, als sie hörte, ich nehme das Kind, eingewilligt hat auf Rücknahme der Adoption. Denn der Kleine war schon bei richtigen Adoptiveltern, die uns jetzt ehrlich leidtaten. Aber Gott sei Dank gibt es dieses gute Gesetz, dass eine Mutter, die bereut, stets das Vorrecht hat. Ich musste nur versichern, dass ich dafür Sorge trage, dass Mutter und Kind zueinander finden und sich so oft wie möglich sehen. Es wurde sonst nichts überprüft und schriftlich gab es auch nichts. Wir waren froh und glücklich, dass alles gut ausgegangen ist. Ein neuer Anfang war gemacht.

Jetzt hatten wir beide ein Baby, meine Tochter und ich. Wir fuhren nach Hause und ich packte für mich nur das Nötigste und für das Baby alles ein und zog um. In der neuen Wohnung richteten wir ein Kinderzimmer ein und so begann die erste Nacht. Wie ich wusste, hatte der Kleine fast 14 Tage nur auf dem Arm oder im Bett der Adoptiveltern geschlafen. Nach längerem Schaukeln lag er dann endlich in seiner Wiege und schlief. Ich konnte es kaum fassen, war gerührt vor Glück bei seinem lieblichen Anblick, er war doch unser Fleisch und Blut! Über all dem kam ich körperlich gut klar. Ich nahm nur das Nötigste, um meiner Aufgabe gerecht zu werden. Ein Baby ist anstrengend und du musst rund um die Uhr fit sein. Ich musste Drogen nehmen, um die Kraft zu haben, dieses Paket, das ich mir auferlegte, zu tragen. Und es musste gut und richtig sein, dass ein Kind die Chance hat, in der eigenen Familie groß zu werden. Was das bedeutet heutzutage, habe ich wieder mal erfahren. Das

Kind und ich mussten ja von etwas leben, ich hatte jegliche Arbeitsvermittlung abgesetzt. Mich korrekt abgemeldet in den sogenannten Babyurlaub. Doch unser Staat lässt sich immer ein Hintertürchen offen und spart, wo er kann, vor allem an uns Müttern und Großmüttern. Alle Anträge von mir, sei es Erziehungsgeld, ALG II, Unterhaltsvorschuss oder sonstiges, alles wurde abgelehnt, für das Kind und auch für mich. Ich lebte ja jetzt in eheähnlichem Verhältnis. Nicht mal Krankenkasse wurde bezahlt, eigentlich ein Grundrecht! Egal, es wurde stets alles abgelehnt mit der Begründung, ich sei nur Großmutter, habe kein Sorgerecht, nur die Pflege übernommen, und sei selber schuld. Für das Kind konnten wir nie etwas beantragen, da ich nur Oma ohne Sorgerecht war, das lag nach wie vor bei der Mutter und die konnte nichts beantragen, weil das Kind bei mir und nicht bei ihr lebte. Das verstehe, wer will, wir haben es nie. Keine Maus hat sich mehr für uns interessiert, wir mussten selbst sehen, wie wir klar kamen. Ehrlich gesagt war ich indirekt froh darüber, doch mich wundert in unserem Staat nichts mehr, was Ämter und ihr Gewissen angeht.

Bei uns ging aber alles soweit gut. Die Kinder waren gut versorgt aber es ist wie wir wissen, nicht immer so. Mein Partner wurde indirekt dazu gezwungen, nicht nur für mich, sondern auch für meinen Enkel aufzukommen. Das war knapp und schon wieder kam alles wie es kommen musste: Ich war gezwungen, meinen Eigenbedarf, den ich nach wie vor brauchte, um zu funktionieren, wieder mal selbst zu erarbeiten durch kleine Deals. Und das fast täglich, sofern ich nicht mit meiner Tochter zusammen war wegen ihrer Kinder. Meine innere Uhr lief immer gleich ab. An erster Stelle stand das Baby, das immer gut versorgt sein wollte und wunderbar gedieh. Meine Tochter lernte langsam, ganz langsam zu akzeptieren, dass sie zwei Kinder hat und dass das etwas Wunderbares ist. Ihre Gefühle fuhren Achterbahn. Der Mutterinstinkt setzte ein, aber auch ein sehr schlechtes Gewissen mir und dem Kleinen gegenüber – sie schämte sich. Mich und den Kleinen richtig zu sehen, fiel ihr oft schwer. Sie fühlte sich mit ihrem ersten Sohn von mir vernachlässigt und meinte, es zähle nur noch das Baby für mich. Was ja auch teilweise stimmte. Er war der neue Mittelpunkt meines Lebens, neben leider immer noch einem immensen Drogenkonsum, der viel Zeit in Anspruch nahm.

Nachdem das Baby versorgt war, checkte ich Tag für Tag meine Termine ab. Ab Mittags konnte ich meist meine Dealer und Freunde erreichen. Da ich noch ein Auto besaß, konnte ich mir meine Droge durchs Fahren verdienen und bekam von verantwortungsvollen Dealern stets gutes und sauberes Heroin. Das war sehr wichtig. Auf guten Stoff kannst du alles leisten, der gepanschte Dreck der Straßen, der bringt dich schnell um, wenn du Pech hast. Zum Glück war ich darauf noch nie angewiesen. Habe mich nie groß in der Szene bewegt. Hatte ja zum einen beste Freunde, die mich immer gut versorgten, und zum anderen hatte ich alle Kontakte, die ich brauchte, um meinen Bedarf zu decken. Ich war über 15 Jahre fast immer mit den gleichen Menschen befreundet. Wir haben uns nie geschadet, waren eine eingefleischte

Drogengemeinschaft, die sich gegenseitig half. Unsere Kinder wuchsen miteinander auf und wurden nicht selten Freunde fürs Leben. Ich lebte immer sehr intensiv exzessiv und doch auch fast normal nach außen hin. Hatte auch selten Angst, durch meine Freunde dranzukommen, da war Vertrauen und das Wissen, dass meine Leute mir und meiner Familie nie schaden würden. Das alles ging zu lange gut, um überhaupt wahr zu sein. Und mittendrin mit immer schlechterem Gewissen dem Kleinen gegenüber, ich.

Jetzt musste bald was geschehen, so durfte es nicht ewig weiter gehen. Ich riskierte fast täglich Kopf und Kragen. Wenn wir einmal bei unseren Beschaffungsfahrten geschnappt worden wären, alles wäre weg gewesen. Mein Kleiner, mein Auto, mein ganzes Leben endgültig kaputt, durch mich selbst zerstört im Drogenwahn – was für ein Wahnsinn. Und keiner sagt »Stopp«, freiwillig hörst du auch nicht auf, weil du alles so sehr brauchst, um zu überleben. Meinen Freunden ging es nie anders, nur riskierten sie noch mehr, wurden zu gierig und zu leichtsinnig. Vergaßen alle Werte und das machte mir Angst. Die Angst um unser Leben ließ mich einen Entschluss fassen: Ich musste endlich die Kurve kriegen und von diesem Zug abspringen, bevor es zu spät war. Ich hatte so viel neue große Verantwortung und so viel Schönes durch meine Kinder, Enkel und immer noch mein Hobby, die Musik mit ›The Boss‹. Vor ihm schämte ich mich, wenn ich all mein Tun betrachtete. Er hätte sich für mich geschämt. Scham, ein seltsames Gefühl, das immer mehr von mir Besitz ergriff. Was tat ich hier eigentlich? Wusste, das darf so nicht weitergehen. Ich entschloss mich, endgültig aufzuhören mit diesem toten Leben. Aber ich wusste auch, dass ich es nicht allein schaffe. Diesmal war mein Körper jahrelang durch und durch drauf. Das konnte ich nur mit Hilfe einer Therapie schaffen. Doch einweisen konnte ich mich auch nicht lassen, da war ja der Kleine, der mich brauchte. Also ambulant beim Arzt. Heutzutage gibt es bessere Medikamente. Ich wollte in ein sogenanntes Subutex-Programm. Da nimmst du einmal am Tag deine Dosis und hast deine Ruhe, so dachte ich. Doch das Beste war, kein Arzt hatte noch Kapazität frei, mich aufzunehmen. Habe monatelang Ärzte aufgesucht, mich ausgezogen, bis auf die Unterhose und wurde in die ›Szene‹ zurückgeschickt.

Also machte ich weiter, bis es die ersten Verhaftungen in meinem Umfeld gab. Haarscharf an mir vorbei. Das sollte sich ab da wie ein roter Faden durch meine Kreise ziehen. Ich gab nicht auf und fand endlich nach mehrmaligem Nachhaken einen ›Substitutionsplatz‹. Endlich war es soweit. Ich konnte den größten Kampf meines Lebens antreten, den Kampf gegen mich selbst.

Doch vorher stand mir noch das Schwerste bevor, ich musste endlich meine Familie einweihen. Musste mich als schwer drogenabhängig outen. Davor hatte ich höllische Angst. Was würde passieren, wenn das offiziell wurde? Außerdem musste ich Unterstützung haben, falls es mir mal nicht gut gehen würde, also endlich mit offenen Karten spielen. Das spürte ich, das ist der erste und schwerste Schritt überhaupt, zu sagen: »Hilfe, ich bin süchtig und will davon wegkommen.« Wenn man es wirklich will, und jetzt wollte ich wirklich. Der letzte Versuch, wenn der nicht gelingt, ist Feierabend und Tschüß Welt. Niemandem wollte ich meine Sucht mit allen Risiken für alle Beteiligten weiterhin zumuten. Vom finanziellen Aspekt mal abgesehen, darüber brauche ich gar nicht erst reden.

Mein Leben begann noch mal ganz, ganz anders. Ab sofort sah es so aus und sollte monatelang so bleiben: Jeden Morgen musste ich mit Kind im Auto einige Kilometer zum Arzt. Dort wurde ich erst mal so hoch es ging eingestellt, nachdem bei meiner Urinkontrolle ein Arsenal an verschiedensten Drogen zum Vorschein kam in immenser Höhe. Aber erst jetzt sollte ich kennenlernen, was es hieß, richtig dicht zu sein. In den ersten Tagen hatte ich keinen Kopf, sondern eine Wolke auf dem Hals. Fühlte mich jetzt erst richtig süchtig, gemacht durch ein Medikament, das zwar sehr gut wirkte, aber mir echt zu hart war. Spürte, dass ich damit nicht lange leben wollte und konnte. Und bei alldem darf man Auto fahren, ja, ich musste sogar beim Arzt von Anfang an versichern, dass ich täglich selbst kommen kann.

Welch ein Segen diese Therapie für mich war, erkannte ich nicht gleich. Am Anfang hatte ich auch öfter Beikonsum und das war echt heftig. Das versuchte ich selbst abzubauen, weil mir alles zu viel wurde. Mein Leben und alles drum herum forderten mir zu viel ab. Doch ich musste weitermachen und täglich meinen Pflichten nachkommen: Meine Kinder, meine Tiere, mein Partner und im Kopf immer noch meine Freunde und mir liebgewonnene Menschen brauchten mich. Das half.

Doch es wäre nicht mein Leben, wenn jetzt endlich alles in normalen Bahnen verlaufen würde. Meine Tochter machte mir leider zusehends Probleme. Sie hatte einfach das Pech, sich in den falschen Mann – den Vater ihrer Kinder – zu verlieben. Und wieder mal:

»Wer liebt, der hat Geduld!«

Und wer wirklich liebt, der hat viel Geduld. Meine Töchter scheinen beide eines von mir geerbt zu haben: Die wahre Liebe gibt es kaum, aber wenn sie dir begegnet, dann halt an ihr fest, auf Biegen und Brechen, auch ja den anderen nicht fallenlassen aus Angst vor der eigenen Einsamkeit. Dass das nicht immer richtig ist, habe ich leider kennengelernt und stehe machtlos daneben, meinem Mädchen das gleiche Schicksal zu ersparen. Der Mann machte mein Kind psychisch kaputt und die ganze Geschichte ist wieder mal so unglaublich wie schon fast alles in meinem Leben. Eigentlich hätte ich mit mir und meiner Therapie schon genug zu tun, alles auf die Reihe zu kriegen. Und so lange ich noch höher eingestellt war, ging alles gut. Doch ich musste schnell wieder weg von dieser Ersatzdroge, bevor ich mich total daran gewöhnte. Habe solche Jahre hinter mir, das wollte ich auf keinen Fall mehr. Ich wollte einen Turbo-Entzug und sagte das meinem Arzt. Er machte mit und Woche um Woche dosierte ich runter. Manchmal, alle zwei Wochen, wenn es mir nicht gut ging, und das kam immer häufiger vor. Mein Körper fing an, mir zu zeigen, was ich ihm all die Jahre angetan hatte. Ohne Ersatzdroge hätte das geheißen: Schmerzen, Schmerzen, Schmerzen ohne Ende. Da nimmt man schnell wieder was. Das musste jetzt aufhören und doch konnte ich es nicht ganz lassen. Es zog mich nach wie vor zu meinen Leuten, weil ich es brauchte, ab und zu abzutauchen, um nicht zu sehr über mein Leben und meine unglücklichen und hoffnungslosen Lieben nachzudenken. War zurzeit selbst hoffnungslos wieder mal dabei. Jetzt war meinem Kind das Gleiche passiert und sie kam nicht klar damit, wurde zusehends depressiv, glaubte, ihr Leben sei beendet, sie vergraben und vergessen mit ihrem Kind. Hatte kaum eine Lebensperspektive. Das tat mir richtig weh. Für wen oder was nahm ich alles auf mich, doch nur für meine Kinder. Wollte mit ihnen ein neues, drogenfreies Leben führen. Und meine Tochter droht mir, sie springe von der Brücke, wenn ihr Leben so weitergehe. Sie wurde belogen und betrogen um ihre Gefühle, ihr Vertrauen, ja, sogar um das finanzielle, das ihr zustehen musste. Und besonders das traf hart und wir mussten ständig einspringen. Was wir gerne taten, doch wir lebten auch nur von einem Gehalt. Also stellten wir noch mal alle Anträge und bekamen Krankenkasse frei und etwas Mietzuschuss. Der Kleine bekam immer noch nichts – seit mittlerweile eineinhalb Jahren. Wie wir das oft alles schafften, weiß ich manchmal nicht mehr, aber wir packten es alle gemeinsam, als Familie – so wie es sein sollte.

Leider musste ich mich ständig zerreißen zwischen meinen Lieben. Jetzt hatte ich zwei Familien an verschiedenen Stellen und wir sahen uns fast täglich. Meine Tage waren eine Hetze und dazwischen immer noch den Hang abzudriften, Freundschaftsdienste … Und ich war sinnlos verliebt, trotz meiner sonstigen Lebenssituation. Habe diese Liebe begraben, bevor etwas entstehen konnte, denn wir waren beide drauf und ich gehöre immer noch einem anderen. Das machte mich alles froh und todunglücklich gleichzeitig, das zog mich auch stets nur in eine Richtung: zu den Drogen. Das musste aufhören, ich wusste es tagaus, tagein und doch konnte ich es nie ganz lassen. Wollte einfach irgendwas fühlen und nur ein bisschen Beisammensein mit meiner heimlichen Liebe. Aber ich nahm meine Therapie sehr ernst, wollte meine Chance nutzen, die ich auf meine alten Tage bekam. Es musste mehr Ruhe in mein Leben, der Gedanke ›Beschaffungsdruck‹ musste raus aus meinem Kopf, vor allen Dingen harte Drogen mussten endlich ein Tabu für mich sein.

Genau in dieser Zeit geschah es, dass Freunde und Bekannte über einen V-Mann hopsgenommen wurden. Ebenso geschahen seltsame Dinge bei meiner besten Freundin, die mir sehr ans Herz gewachsen war und mich zusehends erschreckten. Das war nicht mein Ding und mir wurde mein Leben zu heiß. Meine Familie bekam bei mir wieder so einiges mit, denn ich nahm abwechselnd wieder mal verschiedene Sachen wie Polamidon, Valoron, Tillidin ... Einfach scheiße, warum schaffte ich es nicht endlich, ganz »Nein« zu sagen. Mir fehlte doch nichts, oder doch?

Dann verschwanden für mich bis dahin wertvolle Menschen, gingen weg auf Therapie oder Entgiftung und noch besser: Meine damalige Hauptquelle versiegte. Jetzt brannte es mir auf den Fingernägeln, ich musste endlich einsehen, dass alles vorbei ist. Doch je weiter ich runter ging mit der Dosis, desto schwerer wurde es. Meine Tochter schaffte es kaum, mit einem Kind klarzukommen, von ihr konnte ich nicht viel Hilfe erwarten. Und mir ging es immer schlechter, ich hatte ein Frauenproblem und musste ins Krankenhaus. Brauchte jemand, der sich dem Kleinen annahm und den fand ich dann im Vater. Wenigstens für einige Zeit. Ich ließ ambulant einen Eingriff machen und hatte eine Spinal-Anästhesie wegen meinem Medikament. Leider misslang die, weil ich zu sehr zuckte, ich hab nun mal Rückennervenprobleme und ich kam doch in Vollnarkose. Rohypnol hatte ich schon zum Wegdämmern bekommen und alles miteinander war echt heftig für mich. Dazu die Ausschabung, ich war wie in Trance, als mir alles erklärt wurde. Von Kopfschmerzen hörte ich nichts. Und die hatte ich ab dem nächsten Tag zusehends. Brauchte einiges an Schmerzmitteln, doch nichts half. Es wurde immer schlimmer und inzwischen hatte ich auch den Kleinen zurück. Doch ich konnte nach zwei Tagen schon nicht mehr. Ich hatte solche Schmerzen, dass ich glaubte, mein Kopf zerplatzt jeden Moment. Ahnte, dass irgendetwas nicht stimmt. Also wieder den Kleinen abholen lassen und ab ins Krankenhaus, wo man mich gleich dabehalten wollte. Musste dringend noch mal operiert werden, da sich mein Spiralkanal nicht geschlossen hatte und so entwich bei mir Gehirnflüssigkeit, was gar nicht ungefährlich war. Ich könne einfach umfallen und bumm, erklärte mir meine Narkoseärztin und wollte mich nicht gehen lassen. Doch ich musste noch mal auf eigene Verantwortung die Klinik verlassen, um alles zu regeln.

Am nächsten Morgen wurde mir das Ganze mit einem sogenannten Blutpatch geschlossen, meinem eigenen Blut, das erst genommen und dann direkt in den Nervenkanal gespritzt wird, um das Ganze zu verschließen. Das gelang, und schon bald wurde ich wieder Mensch, der Kopfschmerz ließ endlich nach Tagen los. Noch mal Glück gehabt.

Meine Substitution verlief weiter, doch ich hatte immer wieder Probleme mit dem Kopf. Fühlte mich total down und leer, kämpfte mit dem Alltag und meinem Kleinen, der ganz schön wild war, seitdem er laufen konnte. Und ich lief ihm hinterher. Manchmal war mir alles zu viel, doch ich kämpfte weiter. Begrenzte meinen Beikonsum auf Rauch und ab und zu mal was Hartes. Ganz kam ich einfach trotz Ersatzdroge nicht los. Noch nicht. Aber es wurde zusehends besser und leichter. Mein Körper fing an, sich zu erholen, das fühlte ich deutlich nach einigen Monaten Therapie. Ich dosierte ziemlich schnell runter und dann langsamer, damit sich der Organismus an das Gefühl, ohne Droge zu sein, gewöhnen konnte. Die Angst davor – ganz ohne – lief ständig mit.

Die Tage waren immer gleich, nur empfand ich alles nüchterner, und das passte mir alles nicht mehr. Meine Tochter hatte immer noch große Probleme mit sich und ihrem Freund, sie ließ sich ständig vertrösten, wenn es ums Finanzielle ging. Der Vater zahlte einfach kein Unterhalt für beide Kinder. Er gaukelte andauernd irgendwelche Zahlungen vor, die nie stattfanden. »Habe im Lotto gewonnen und das Geld von all den Jahren kommt auf einmal«, sagte er zum Beispiel mal. Darauf warten wir heute noch und wahrscheinlich bis in alle Ewigkeit. Nichts war wahr, alles gelogen und das machte meine Kleine echt fertig. Sie kämpfte ums Überleben und wollte doch eigentlich auch etwas erleben. Doch allein mit Kind kannst du nicht viel machen, musst immer präsent sein.

Mir ging es nicht viel anders und so reifte der Gedanke in mir, dass es wohl besser wäre, wir lebten alle zusammen. Ich wollte ein Häuschen, wo wir alle zusammen sein konnten. Das zu finden, war schwer, denn wer wollte schon ein Paket wie uns: zwei kleine Kinder, alleinerziehende Mutter, ein Paar mittleren Alters und dazu noch drei Katzen. Das war schwer, doch ich gab die Hoffnung nicht auf. Denn die Hoffnung stirbt zuletzt. Ich wollte nichts so sehr, wie dieses Kind seiner Mutter zuführen, ihr zeigen, dass es gut und richtig ist, dass er da ist. Wir alle liebten ihn längst und wollten ihn nicht mehr missen. Für mich lohnte sich wieder jedes Opfer und das musste jetzt endlich ich selber sein. Ich könnte niemals drauf bleiben und mit meiner Tochter und ihren Kindern zusammen leben. Das war viel zu gefährlich, konnte negative Auswirkungen auf die Kinder haben.

Mittlerweile war es bei mir so, dass ich gut mit meiner Dosis klar kam und eigentlich keinen Beikonsum mehr hatte. Jetzt wollte ich mit meiner Therapie schneller aufhören und dosierte rigoros runter, fast auf Null. Das lief einige Wochen – mal gut, mal weniger gut. Dann kam ein Rückschlag und ich musste wieder hoch gehen. Wieder runter und dann geschah etwas, das gab mir endgültig den Rest. Meine beste Freundin und einige Bekannte von mir wurden verhaftet. Nach einigen Verhören waren sie wieder frei.

Sie waren gemein an die Polizei verkauft worden. So etwas gibt es heutzutage; man verrät jemanden und bekommt Geld dafür. Wie ich gehört habe, so sollen es 200 Euro sein; so viel ist also ein Menschenleben wert. Und eine Freundschaft, die man verkauft. Oh Gott, wie tief sind wir alle gesunken? Und was macht die Polizei? Sie setzt V-Männer ein, bringt kleine Leute dazu, große Geschäfte zu machen, die sie sonst nicht tun würden und schlägt dann zu. Sperrt sie ein paar Monate ein und lässt sie wieder springen. Doch deren Leben ist kaputt. Niemand will mehr was mit so jemandem zu tun haben, alles und jeder wendet sich ab. Wer soll das verkraften und dabei dann noch sauber bleiben? Viele gehen lieber zurück in die Drogenhölle, als zu vereinsamen, denn wie ich schon sagte: Mit Droge ist man nie einsam, doch die Droge macht einsam ...

Ich war es jetzt auch. Alle meine Freunde und für mich liebgewonnene, wichtige Menschen waren weg. Keine Connections mehr, wo man schnell mal hin kann. Was zuerst als ein Schock für mich begann, zeigte sich als Segen. So ganz allein, war es auf einmal auch ganz leicht für mich, von fast allem die Finger zu lassen. Mir reichte es. Ich wurde auch in diese Verfahren hineingezogen und musste erneut als Verdächtige zum Verhör. Hatte nichts auszusagen und gab nur meine ID und DNA ab. Wurde verdächtigt, als Drogenkurier tätig gewesen zu sein, doch davon hätte ich was wissen müssen, oder?

Wieder mal gerade noch davon gekommen. Jetzt war

endgültig Schluss. Ich beendete meine Substitution und nahm nichts mehr. Anfangs ging es mir richtig dreckig. Weniger körperlich, sondern psychisch war ich am Ende. Hätte mich am liebsten in ein Mauseloch verkrochen, doch das Leben hatte noch was vor mit mir.

Wie schon erwähnt stand ich kurz vor dem Umzug in ein neues Leben mit meiner Familie. Unser Häuschen war einzugsfertig. Da kam ein Anruf von der Kripo. Es ging um meine beste Freundin. Sie und ihr Mann waren wieder verhaftet und würden so schnell nicht mehr rauskommen. Ich solle mich um die Tiere kümmern. Also hatte ich von da an noch einen großen Hund, eine weitere Katze und einen Vogel. Auf dass mein Haus voll werde. Ich verschob meinen Umzug, weil mir alles zu viel wurde. Gewöhnte erst mal alle Tiere bei mir ein. Das ging schnell, denn die kannten mich gut, da ich ja fast täglich die letzten Jahre dort gewesen war. Nachdem einer fast alle verpfiffen hatte und meiner Freundin ein dickes Paket bescherte, war ich richtig einsam im Kampf gegen die Droge. Niemand mehr da, der ähnlich empfand, aber auch niemand mehr, wo ich was holen konnte. Ansonsten litt ich Höllenqualen, weil ich sehr mit meinen Freunden mitfühlte. Was da geschehen war, machte mir große Angst und ich konzentrierte mich nur noch auf die Familie und all die vielen Tiere, die mir anvertraut waren.

Wir lebten jetzt alle unter einem Dach, und mein Kleiner war endlich bei seiner Mutter angekommen, ich hatte es geschafft. Es war mir eine Riesenlast von der Seele genommen. Jetzt musste nur noch zusammen wachsen, was eh schon zusammen gehörte. Und das würde noch einige Zeit brauchen. Jetzt konnte ich nicht mehr abhauen vor der Verantwortung, mich in meine eigene Welt verziehen. Jetzt waren zwei kleine Kinder tagaus, tagein in nächster Nähe, und das half mir ungemein. Die Tage waren ausgefüllt, und mir ging es gut. Bis auf ›Rauchen‹ war ich alle Laster los. Und so musste es auch bleiben, das schwor ich mir.

Meine Therapie war nach acht Monaten abgeschlossen, doch ich ging freiwillig weiter zur Beratung, weil mir das half. Ich war zwar nicht ganz sauber, aber für mich war es eine Leistung, in so kurzer Zeit von so vielem weggekommen zu sein. Musste mich selbst jeden Tag aufs Neue motivieren, dass das so blieb.

Zwischenzeitlich wurden die ersten meiner Freunde wieder entlassen und ich blieb stark, wollte gar nicht mehr wissen, ob sie weitermachen. Ich würde es nicht tun, mein Leben stand ab sofort unter einem anderen Stern. Leben und überleben, aber sauber!

Leider geschah dann etwas ganz Trauriges und das gab mir die Restbestätigung, dass alles endlich vorbei sein musste.

Das geschah in einer Zeit, wo ich erkannte, mein Körper verändert sich. Ich spürte mich wieder selbst, konnte plötzlich wieder von Herzen lachen und Gott sei Dank auch lieben. Und das tat ich dann auch, habe lange darauf gehofft, genoss das neue Gefühl, auf einmal wieder etwas ganz tief zu empfinden ohne die Betäubung der Drogen. Schwebte im siebten Himmel und fühlte mich wie ein Teenager. Auch wenn das alles wahrscheinlich keine Zukunft hatte, es tat so gut und ich hatte keinerlei schlechtes Gewissen dabei. Jetzt war ich auf dem rechten Weg zu einem endlich normaleren Leben, auch wenn ich wusste, dass das alles noch seine Zeit braucht.

Mir ging es 20 Jahre nicht so gut wie in dieser Zeit. Nichts denken, einfach glücklich sein. Glauben an ein Wunder? Wenn das so einfach wäre, und bald war ich wieder da, wo ich oft in meinem Leben stand. War ich mit jemandem zusammen, dem mein ganzes Herz gehörte, war alles okay. War ich allein, fühlte ich mich verloren wie eh und je. Das war wohl mein Fluch, der sich auch jetzt noch hielt. Meine Familie gab mir zwar viel, doch ich hatte immer noch eine versteckte Sehnsucht in mir nach etwas, das ich wohl nie mehr haben würde. Das Gefühl, endlich angekommen zu sein, wahre Liebe zu empfinden und wieder geliebt zu werden. Sicher ich liebte meine Kinder, Enkel und auf eine Art auch meinen Partner mit all seiner Güte. Doch das war es nicht, was mich ganz ausfüllte. Ich suchte wieder mal das gefährliche Abenteuer. Und lebte meine ganz neuen Sexualtriebe aus. Lange habe ich mir dies nur in meiner Fantasie vorgestellt, ganz nach dem Motto: Der Mann meiner Träume. Und nun war er endlich greifbar.

Mit meinem Partner ging das nicht, er konnte mir nicht das geben, was ich jetzt auf einmal so sehr brauchte. Unter Drogen, speziell Heroin, war mir alles gleich gewesen, du bist einfach empfindungslos gegenüber gewissen Reizen. Jetzt, das spürte ich, würde ich es schaffen, clean zu bleiben. Und doch ein schwacher Moment ließ mich zweimal ausrutschen, und rauchen brauchte ich immer noch. Trieb mich oft nächtelang rum und lebte eigentlich zwei Leben. Dann geschah etwas, was schon lange seinen Anfang gefunden hatte. Der Neffe meines Lebenspartners war auch unter den Leuten gewesen, die verhaftet wurden. Lief mit größerer Menge Heroin einem V-Mann auf, und sein Großdealer wurde mit geschnappt, hereingelegt durch die Polizei. Vier Monate in Haft und dann einfach zurückgeworfen ins Leben. Das für ihn jedoch ohne Halt von Familie, Freundin und Freunden kein gutes Leben mehr war. Er verlor sich selbst und kehrte zurück in die Drogenhölle. Doch er hatte die Rechnung ohne seinen Körper gemacht, oder nicht bedacht, dass sich wegen dieser V-Mann-Aktion, dem sie aufgelaufen waren, jemand an ihm rächen könnte. Leg dich nie mit den falschen Leuten an und schon gar nicht mit der Polizei. Die lassen dich fallen wie eine heiße Kartoffel, wenn sie dich benutzt haben. Wenn jemand dazu benutzt wird, dass die an Hintermänner, also Großdealer kommen, dann gehört derjenige nicht nach so kurzer Zeit wieder auf die Straße. Er sollte vor anderen und vor sich selbst geschützt werden. Lange genug eingesperrt, bis Gras über alles gewachsen ist, sonst wird es gefährlich für ihn und sein Leben. So ging es auch unserem Neffen. Er schaffte es nicht, von alleine wegzukommen und ging zurück. Ob sein Körper das Zeug nicht mehr verkraftete oder ob irgendwas drin war, das nicht rein gehörte, weiß ich bis heute nicht. Tatsache ist jedoch, dass er an einem Cocktail für die Nase starb. Wollte sich nicht allein fühlen. Allein ohne Drogen, denn mit Droge bist du nie allein, doch die Droge macht einsam. Und er war einsam, und einsam starb er.

Das war ein Schock, der mir sehr zusetzte. Das war ein Zeichen. Jetzt reichte es mir ehrlich, ich spürte so deutlich wie noch nie in meinem Leben, es ist an der Zeit, endgültig Schluss zu machen. Durch all die Geschehnisse und das Bewusstsein, wieder mal viel Glück gehabt zu haben, noch mein Leben führen zu dürfen, kam jetzt die große Einsicht. Dachte ich jedenfalls zum damaligen Zeitpunkt. Dann wurde ich vom Arbeitsamt zum Amtsarzt geschickt und nach kurzer Unterhaltung wurde ich zur Urinkontrolle gebeten. Die gab ich ohne groß nachzudenken ab. Sodass für mich jetzt im Nachhinein doch noch Gefahr bestand, wegen meiner Droge ›Rauch‹ in ein Verfahren gezogen zu werden. Und wenn es nur um meinen Führerschein gehen sollte. Laut Rat der Drogenberatung sollte ich noch eine Therapie machen, da ich ja nachweislich nicht clean war. Auch wenn es nur ums Rauchen ging, es war und blieb nun mal illegal. Das musste ich mir erst mal richtig klar machen. Ich rauchte jetzt seit gut 25 Jahren und genauso lange hatte ich meinen Führerschein, unfallfrei, und ich war immer teils beruflich, teils privat viel unterwegs gewesen. Musste mir erst mal klar machen, dass ich eigentlich nie ›nüchtern‹ gefahren bin. Überhaupt, der Gedanke, nicht mehr rauchen zu können, machte mir große Angst, dass meine Rückennerven das nicht verkraften. Denn schließlich gab mir mein Orthopäde Anfang 20 den Rat, gegen mein Rückenleiden illegal zu rauchen. Das würde entspannend wirken, was auch stimmt. Meine Gesundheit zeigte mir dies. Und seit ich misshandelt wurde, war das eh das

Einzige, was auf Dauer half ohne Spannungsschmerz in Genick und Rücken zu leben. Wie das alles werden sollte, wusste ich nicht.

Fast 49 Jahre musste ich alt werden, um zu erkennen, dass es irgendwann jeden erwischt, glaubte bis dahin wohl an einen Freibrief, den jedoch niemand hat. So oft in meinem Leben habe ich ganz von vorne angefangen, wie oft, weiß ich nicht mehr. Doch ich fühle zurzeit, dass ein neuer Anfang ohne Drogen mein erster richtiger Neuanfang sein wird. Ich hoffe, dass ich es endlich schaffe. Mit dem sogenannten ›Kiffen‹ wird es noch ein harter Kampf, weil ich es noch nicht einsehe, auf meine Medizin zu verzichten – so sehe ich das eben, leider.

Es gibt trotz allem so viel Schönes in meinem Leben, für das es sich lohnt, ich muss es nur wieder sehen. Seien es die Kinder, bessere Lebensumstände in gesicherter Partnerschaft oder auch ganz besonders ein kribbelndes Bauchgefühl. Ich wollte wieder leben und lieben, denn die Liebe ist doch die natürlichste Droge der Welt. Auch wenn es vielleicht nur noch eine kurze Zeit für mich gibt, in der das möglich ist. Ich werde nicht jünger und bei so viel Raubbau, der an meinem Körper betrieben wurde, werde ich bestimmt nicht alt. Aber das ist mir egal, ich habe mein Leben intensiv gelebt und durfte noch mal erfahren, was es heißt zu lieben. Und diese mit allen anderen so wertvollen Dinge, die ich habe, lassen mich heute wieder zuversichtlich in die Welt sehen. Ich weiß zwar, dass ich immer süchtig bleiben werde, doch ich verbiete mir selbst das Zurück und das werde ich jeden Tag meines noch verbleibenden Lebens beim Aufstehen ab sofort zu mir sagen:

»Es ist ein guter Morgen und du bleibst auch heute clean.«

Nur so kann ich diesen Kampf auf Dauer gewinnen und ich bin schon allein darüber froh, dass ich das alles überlebt habe und wieder ein bisschen Licht am Ende des Tunnels sehe.

Und ich will mir den Glauben an die Liebe und das Leben bis in alle Ewigkeit bewahren, auch wenn mal wieder alles anders kommen sollte als man denkt. Ich bin bereit und hoffe doch noch auf eine Zukunft als Frau, Mutter und Oma.

Für alle, die wie ich immer wieder aufstehen und nicht aufgeben, für alle Liebenden und Hoffnungslosen habe ich ein paar Gedichte verfasst zum immer wieder lesen, damit das Beste im Leben niemals vergessen wird.

Die Liebe zum Menschen,
und damit zum Leben selbst.
Und niemals vergessen: Die Liebe
ist die größte und schönste Droge der Welt!
Was wäre wenn, …
und viele andere mehr, ein Ergebnis von über 30 Jahren Einsamkeit und Sehnsucht, denn die Hoffnung stirbt zuletzt.

Abschiedsgedicht!

Nun ist's geschehen, jetzt muss ich geh'n,
ich kann Dich verstehen,
und trotzdem: »Es war schön!«

Doch was auch geschieht, ich hab Dich lieb,
wenn ich bei Dir blieb,
dann nur mit Deiner Lieb!

Und bist Du auch fern und weit weg von mir, in meinen
Gedanken bin ich bei Dir!

Ich tat Dir weh, hab's zu deutlich geseh'n,
oh, wär's doch nie gescheh'n,
ich weiß, ich muss gehen!

Ina Kamikaze, 1979

Morgenstund hat Gold im Mund

Morgenstund hat Gold im Mund,
jetzt gehts einen Tag wieder rund,
doch schnell vergeht Stund um Stund!

Und dann ist Mittag, für Dich heißt das Pause,
Du kommst zu mir in unser Heim,
wo ich auf Dich warte, für immer Dein!

Und bald musst Du wieder fort von mir,
doch trotzdem bin ich bei Dir,
dann wünsch ich mir, Du wärst jetzt hier!

Dann kommt der Abend, für Dich ist Schluss,
jetzt kommt Genuss, darauf einen Kuss!

Doch nicht nur darauf,
ich brauch keinen Grund,
ich küss Dich aus Liebe auf den Mund!

Für mich gibt's nichts Schöneres auf Erden,
als von Dir geliebt zu werden,
und jeder Tag wird schön,
erlebt man Liebe in höchsten Höhn!

Ich will sie Dir geben,
mein ganzes Leben,
und alles von mir, es gehört Dir!

Ich lieb Dich,
Du liebst mich,
dass das so bleibt – dafür lebe ich!

Ina Kamikaze, 1979

Mein geliebter Schatz

Lass Dich nicht plagen von dummen Gedanken,
die Dein Gefühl voll Zweifel umranken,
denn ich will Dir das Eine sagen,
wenn wir unsre Liebe verboren,
dann bin ich verloren!

Nicht grübeln und denken,
mir Deine Liebe schenken,
damit wir uns gemeinsam lenken,
und ich werd niemals verschenken,
das ist mein Ziel, will ich zu viel?

Jegliches Misstrauen gemeinsam verdauen,
mit stetigem Glauben aufeinander bauen,
im größten Wirrwarr besonders einander trauen,
dann kann uns nichts mehr auseinander hauen!

Eins bleibt gewiss: Ich liebe Dich,
für mich gibt's nichts Schöneres auf Erden,
als von Dir auf ewig geliebt zu werden!

Dein Schatz

Ina Kamikaze, 1980

Immer wenn ich denk

Immer wenn ich denk, Du liebst mich nicht,
lieb ich Dich umso mehr, doch glaube mir,
Liebe ist kein Verzicht auf Freiheit,
das denkst Du nur zu sehr.
Liebe ist in einem drin und hat erst ihren Sinn,
wenn sie stets da ist, selbst wenn man sich vermisst,
doch niemals vergisst.
Keine Liebe ohne Schmerz,
da meldet sich das Herz,
ineinander aufgeh'n, immer zueinander steh'n,
niemals mehr auseinandergeh'n,
stets versuchen, sich zu versteh'n,
und gibt's auch noch soviel Weh'n.
Wehen der Liebe,
Wehen des Schmerz',
werden diese nicht verscherzt,
fließt man zusammen zu einem Herz.

Ina Kamikaze, 1980

Fernweh

Ich hör Deine Stimme aus weiter Ferne,
bei Dir, ah ja, da wär ich jetzt gerne,
jedoch ich weiß, was ich daraus lerne.

Ich lern, Deine Liebe ganz neu zu schätzen,
es bekräftigt mich, sie nie zu verscherzen.
In Gedanken bin ich bei Dir, im Schein der Kerzen,
und auf einmal tut es mich sehr schmerzen.

In mir ist ein Loch,
ich halte den Kopf hoch,
es dauert ja nur zwei Tage noch.

Dann bist Du wieder hier, nichts kann mich trennen
von Dir, und alle Liebe von mir,
die geb ich dann Dir.

Die Sehnsucht nach Dir ist am größten in mir,
ach wärst Du doch hier,
ich hab Angst, dass ich Dich verlier.

Eine Erkenntnis die ist gewiss,
wenn man den anderen so sehr vermisst,
man niemals vergisst wie schön das Leben
nur durch die Liebe ist.

Ina Kamikaze, 1980

Liebesbrief zur Versöhnung

Für meinen jetzigen Schmerz, tief Dich
lebendig fühlend im innersten Herz,
wie eine Kerze ohne Licht,
so fühl ich mich, mit meinen Gedanken bei Dir,
ach, wärst Du doch jetzt hier,
ich liebe Dich.

Ich weiß, meine Liebe zu Dir ist nicht tot,
und sie kann es auch niemals sein,
denn ich brauche sie mehr als das tägliche Brot,
und bin ich auch jetzt noch allein,
so wird es nicht für immer sein, ich liebe Dich.

Wir gingen auseinander,
damit ich Dich finden kann,
und ist es auch nicht schon morgen,
so ist es irgendwann.

Dann werde ich nie mehr von Dir lassen,
und geht unser Weg auch durch dunkle Gassen,
ich liebe Dich.

Ina Kamikaze, 1980

Ist das das Ende?!

Ich kann es nicht deuten,
dass wir uns jetzt nichts bedeuten,
was soll das, was wir tun,
es ist besser zu ruh'n,
was Du willst, das kannst Du dann tun.

Ich kämpfe nicht mehr, mein Herz ist leer,
ich bin allein, doch eigentlich zu zwei'n.

Es ist schwer, sich selbst zu teilen,
und doch ich muss mich beeilen,
darf nicht mehr verweilen,
bevor der psychische Tod mich wird ereilen.

Was tut Dir schon weh,
wenn ich jetzt geh,
es ist halt gescheh'n,
Du musst mich auch versteh'n.

Ich lieb Dich zu sehr, will ohne Dich nichts anderes mehr,
es ist schwer, ich hab Angst, ich bin bald leer.
Für Dich ist es leicht,
Du stellst Dich kalt,
und vergisst mich bald.

Ich wünsch dir viel Glück,
nein, ich bin nicht verrückt,

ich meine es ehrlich, ja, es ist beschwerlich,
und für uns beide gefährlich.

Spiel mit dem Feuer, das ist ungeheuer,
Spiel mit der Liebe, das tun nur Diebe,
es ist wie ein Trieb, dass ich Dich weiterhin lieb.

Ich gehöre zu Dir, doch Du auch zu mir?
Dass ich das jetzt nicht spür,
ist unsre verschlossene Tür.

Könnte ich sie öffnen,
ich würde es tun,
nicht eher ruh'n,
bis wir es wieder tun,
uns zu lieben,
und zu bekriegen,
und doch ist es schön,
ich kann es nie verstehen.

Zur Erinnerung an schwere Tage
Ina Kamikaze 1981
Wer an die Liebe glauben kann,
ist ein glücklicher Mann,
hat er auch wenig,
hat er kein Geld,
den Liebenden und Gütigen gehört die Welt.

Ina Kamikaze, 1982

Liebesgedicht

Der Wind bläst ihm ins Gesicht,
doch er spürt ihn nicht,
die Sonne brennt in seinen Augen,
doch er sieht sie nicht,
das Wasser rauscht an seinem Weg,
doch er hört es nicht,
Blütendüfte bereichern die Luft,
doch er riecht es nicht.
Er hat nichts und doch so viel,
das er von ganzem Herzen geben will,

»Liebe«!

Zur Erinnerung an schwere Tage,
Ina Kamikaze, 1982,
geschrieben für mich von meinem damaligen Ehemann.

Vergiss mein nicht

Ohne Dich

So leer, wie's mir erscheint,
soll jetzt mein Leben sein!
Was ist damit gemeint?
Oh Gott, mein Herz ist leer,
manchmal will ich nimmermehr.
Mich neu verlieben?!
Ich verbiete mir Triebe,
weil ich doch nur den Einen liebe.
In Gedanken, ohne zu wanken,
will ich Dir stets danken,
für all die schönen Banden.

Das Herz hat seine Vernunft,
die der Verstand nicht kennt,
in all meinen Träumen bin ich bei Dir,
stets soll die Liebe öffnen die Tür,
zu unseren Herzen, wenn auch mit Schmerzen,
dass immer uns bleibt zu sagen der Mut.

Ich bin Dir gut.

Ina Kamikaze, 1989

Was wäre wenn!

Für Eddy

»Was wäre wenn,
Du auch wie ich keinen Tag ohne Dich, ohne mich sein wolltest?«
»Was wäre wenn,
Du wie ich fast verrückt würdest bei dem Gedanken, Dich nie mehr zu sehen, zu fühlen, zu schmecken!?«
»Was wäre wenn,
Du wie ich nie mehr von Dir, Du nicht mehr von mir lassen wolltest?«
»Was wäre wenn,
Du wie ich Bauchflattern bekommst bei jedem Gedanken an mich, so wie ich bei jedem Gedanken an Dich?«
»Was wäre wenn,
Du zu mir wie ich zu Dir stehen würdest?«
»Was wäre wenn,
Du mich genauso wie ich Dich liebe, liebtest?«
»Was wäre wenn,
Du mich auch wie ich Dich nie mehr allein lassen wolltest?«

Dann wäre es wohl endlich
Liebe!

Ina Kamikaze, 2008

Herzflimmern

Bin ich auch fern und weit weg von Dir,
in meinen Gedanken bin ich bei Dir.
Ich liebe Dich und werde unserer Liebe treu bleiben.
Mein Herz gehört Dir.
Du kannst es mir nicht zurückgeben,
denn das Herz hat seine Vernunft,
die der Verstand nicht kennt.
Du bist es wert, geliebt zu werden,
Auch wenn Du es nicht willst.
Liebe will leben, leben,
leben auch über den Tod hinaus.

Ina Kamikaze, 23.09.2010

Vereinigung

Zu oft sagten wir schon »Ade«
und wir wissen, es tat jedes Mal furchtbar weh.
Unsichtbare Narben von Schmerz,
warfen Schatten auf unser Herz,
und der Schatten brachte die Kälte mit,
und die Kälte hielt mit dem Herzschlag Schritt,
doch der Schritt dauerte dem Herz zu lang,
und es wurde ihm ganz Angst und bang,
da fiel dem Herz ganz plötzlich wieder ein,
es ist ja doch nicht so ganz allein,
und so sollte es auch nie mehr sein.
Und die Herzen gaben sich vor Gott
das Versprechen: »Liebe und das Wort«.

Ina Kamikaze, 27.09.2010

Im Traum

Wie siehst Du mich?
Anders oder so wie ich Dich?
Mit den Augen des Verliebtseins,
besser als jeder teure Wein,
bin ich betrunken von Dir,
vom Kopf bis zum Bein.
Fühl mich lebendig und sehe,
o mein Gott,
so was Schönes wie Dich ist immer und
immer wieder mehr für mich.
Ach könnte es doch wirklich und
für immer sein.

Ina Kamikaze, 07.03.2011

Du und Ich

So viel verändert sich,
doch eins erinnert mich,
an die schönen Stunden durch
Dich,
ich vermisse Dich,
ich vermisse mich.
Lass, wenn es geht
und wenn es das gibt,
uns nicht im Stich!

Ina Kamikaze, 06.03.2012

KAPITEL 2
ODER
»WAS ICH EIGENTLICH HOFFTE, NIE SCHREIBEN ZU MÜSSEN.«

Wie alles weiterging?
Natürlich wie mein ganzes Leben: »NICHTS IST FÜR DIE EWIGKEIT.«

Alles hätte so schön bleiben können, ich hatte meine Familie unter einem Dach, einen braven Mann an meiner Seite – mehr Schein als Sein. Bla bla bla.
Meine heimliche Liebe wuchs und überrollte mich.
Alles oder Nichts war immer meine Devise und so ging es weiter. Jeder ist seines eigenen Glückes Schmied und ich wollte jahrelang ein Eisen schmieden, das noch nie heiß war: Neun Jahre Beziehung ohne Sex lassen einfach alles einschlafen. Doch wie erklärt man jemanden, der noch nie ›Eins‹ war mit einem geliebten Menschen, was geschieht. Das Erwachen bei mir, wie sehr ich mich verloren habe in eine Liebe, die mir immer mehr den Kopf verdrehte, ließ mich ab sofort eigene Wege gehen. Ich war wieder auf der Flucht vor der Wirklichkeit und mein Verstand setzte mal wieder komplett aus. Aber schön!
»Keep the eyes on the price.« DIESER Satz hätte mich vielleicht aufhalten können, doch ich wollte nur das ›Ei-

ne‹. Endlich leben mit dem Gefühl, das ich im Bauch hatte – ›Schmetterlinge‹. Eigentlich hätte ich sonst nichts gebraucht, doch das Leben ist kein Wunschkonzert und das sollte ich noch mal so richtig spüren. Denn bei all dem hatte ich schon längst wieder vergessen, was es heißt:

SÜCHTIG BLEIBT SÜCHTIG.

Süchtig nach Leben und Liebe, die ich zwar so tief wie noch nie in meinem Leben empfand, aber sie war heimlich und nur auf Zeit, wann immer sich die Gelegenheit bot. Mit wachsender Regelmäßigkeit nahm mich alles immer mehr ein. Wir waren wie zwei Ertrinkende, die sich zu halten versuchten und haben uns doch nicht retten können. Wieder mal musste ich zusehen, wie Drogen stärker waren als alles andere. Vor über 20 Jahren erging es mir ebenso, keine Chance für die Liebe gegen die Drogen!

Meine neue Art zu leben begann sich zu rächen. In mir hatte NICHTS mehr Platz, was mit meinem alten Leben zu tun hatte. Mann, Kinder, Enkelkinder – ich wollte nur noch weg. Doch wohin das führte, habe ich nicht gesehen und stolperte einfach drauf los. Rauchte wieder wie ein Schlot und es kam, was kommen musste. Ich nahm meine alten Kontakte wieder auf und finanzierte mir meinen Eigenbedarf wieder wie in alten Zeiten. Es ging ja nur um ›Rauch‹, so beruhigte ich mich immer selbst, wird schon alles gut gehen. Fühlte mich wieder mal größer und stärker als ich war. Der Selbstbetrug nahm seinen Lauf, und wie ich sehr schnell feststellen musste, wie so oft nicht nur bei mir. Meine neue Liebe stürzte immer wieder ab ins harte Drogenmilieu. Mich schütze er davor, indem er sich dann nicht mehr bei mir meldete. Dann hatte ich alles sofort im Bauch, ohne ein Wort. Und ich, wartete immer auf dem Sprung und machte mir große Sorgen, das tut richtig weh. Ich war nach wie vor clean, jedenfalls in meiner Vorstellung. In der Realität kamen dann doch der eine oder andere Ausrutscher – einen Abend und gut. Du findest immer eine Ausrede, wenn es darum geht ›deine Droge‹ zu verteidigen. Und so lange das so ist, gibt es kein ›clean‹. Das sollte mir noch mal so richtig klar werden; ich hatte nichts, aber auch gar nichts dazu gelernt! Ich führte nach außen hin nach wie vor ein ganz normales Familienleben und war doch eigentlich irgendwie nie mehr da. Mein Leben war wieder mal wie ein Film. Und das Ende? Nicht absehbar. Und doch genoss ich diese Zeit mit all ihren kleinen reizvollen Heimlichkeiten und lebte richtig auf.

Heroin war Gott sei Dank irgendwann ganz verschwunden aus meinem Leben und es genügte mir schon zu sehen, wie meine große Liebe fast an sich selbst zerbrach. Einzige Rettung: Therapie – Langzeit. Wieder mal am Anfang der Hölle zum x-ten Mal. Meine Liebe würde wieder gehen und ich habe wieder mal verloren, bald. Diese und andere Gedanken, die mich fast verrückt werden ließen, machten mich haltlos und hilflos. Ohne jegliches Wahrnehmungsgefühl für das, was sich dann entwickeln musste. Schon wieder mal regierten nur noch Drogen mein Leben, sei es Ersatzstoff wie Subutex (für Heroin) und Tabletten wie Diazepan, bei meinem liebsten Menschen oder bei mir kleine weiße

Näschen und viel Rauch um ›Nichts‹.

Mein Freund wollte jetzt endlich von allem wegkommen und zog jegliche Konsequenzen. Zeigte mir, dass es ihm richtig ernst ist. Der Jüngste war er auch nicht mehr mit Anfang 40, und in Hoffnung auf meine große Liebe glaubte ich, dass alles gut wird. Oft stand die Zeit still und es gab nur uns zwei und Musik, wir vermissten nichts und wuchsen so richtig zusammen, danke Bruce. Ich spürte, dass sich auch bei mir die Einstellung zueinander immer mehr festigte. Das hätte so bleiben können, doch es nahte eine Zeit des Loslassens für mich, mein eigenes Leben wurde zusehends unerträglicher. Meine Unfähigkeit und Schwachheit stürzte uns alle ins endlose Chaos und niemand konnte mich wieder mal stoppen. Zwischenmenschlich war nichts mehr möglich. Mein (noch) Partner und meine Familie erkannten, was mit mir los ist und das Ende war unabwendbar. Ich musste Farbe bekennen und sagen, dass ich endlich ein eigenes Leben führen will. Löste nach sieben Jahren meine Verlobung. Meine Tochter wollte auch endlich ein selbstständiges Familienleben führen mit dem Vater meiner zwei Enkel; wieder loslassen – meinen Kleinen, das tat weh. Jeder würde seiner Wege gehen in absehbarer Zeit. Eine Familie blieben wir ja trotzdem mit allen Schicksalsschlägen, und die konnten wir nicht umgehen.

Der nächste kam schneller als mir lieb war. Meine große Tochter stand kurz vor der Hochzeit und da wurde nach monatelangen Untersuchungen bei ihr die vorläufige Diagnose Multiple Sklerose gestellt. Wie ein Schlag ins Gesicht, das Leben kann so grausam sein und nimmt keine Rücksicht. Wir waren gerade jeder für sich dabei, neue Verbindungen zu festigen und hofften auf die große Liebe. Doch nichts ist für die Ewigkeit. Meine Krankheit lässt mich seit Jahren leben, als wenn jeder Tag der letzte wäre. Mal geht es mir gut, mal schlecht. Doch die Hoffnung stirbt zuletzt. Leide seit Jahren unter (gutartigen) Lipomen, die mir die Venen verstopfen können. Hatte vor Jahren fast einen Herzinfarkt und wurde dann am Arm operiert, wo der Knoten saß, der die Zufuhr vom Blut verstopfte. Ob Arme, Beine oder Oberbauch, die sitzen überall und irgendwann, wenn es ganz schlimm wird, muss ich den einen oder anderen unterspritzen lassen, doch weg sind die trotzdem nie. Damit kann ich vielleicht alt werden, doch das ist wie russisches Roulette. Solange ich keinen im Kopf habe, besteht noch Hoffnung, damit noch Jahre leben zu können oder müssen, mit Aussicht auf schubweise starke Schmerzen. Im Moment weiß ich nicht mal abzuschätzen, ob das gut oder schlecht ist.

Doch zurück zum Eigentlichen. Mein Leben lief an mir vorbei, ich war fixiert darauf, mein Liebesglück zu festigen. Seit über zwei Jahren hatte ich darauf gehofft, diesen Menschen für mich ganz zu gewinnen, nicht nur in der Fantasie. Aus Freundschaft wurde langsam immer mehr Zuneigung, bis hin zu dem Wunsch, zusammen zu kommen und sich gegenseitig immer mehr aufmachen zu können füreinander. Wir hatten sehr viel gemeinsam und es zog uns mit ›Magic‹ ohne Fass und Boden in den siebten Himmel. Wir wollten zusammenbleiben, egal ob die Zeit dafür reif war oder nicht. Als richtig gute Freunde, liebevoll. Wir kannten uns Jahre und er war immer mal längere Zeit weg, doch nie auch nur einen Tag aus meinem Kopf und Bauch, oder aus meinem Herzen. Er hatte es selbst nicht gewusst, wie es um mich stand. Mir hatte schon allein das Zusammensein mit ihm gereicht, ihn zu sehen und die Nähe zu spüren. War zu meiner Drogenhochzeit nicht offen und empfänglich für sexuelle Experimente. Auch mit ihm nicht. Erst als ich dachte, in einem gesicherten Leben zu stehen, brachte ein Anruf alles ins Rollen und nichts hätte mich aufhalten können. Habe alles auf eine Karte gesetzt und der ›Sturzflug‹ begann. Nur fliegen ist schöner.

So verging die Zeit, und es rückte nach unendlichen schönen langen Stunden der Tag näher, an dem alles wieder aufhören sollte. Mein Freund ging zum hoffentlich letzten Mal auf Entgiftung und zur Therapie. Es gab nur noch uns zwei und wir wollten uns auch weiterhin sehen. Uns gegenseitig stark machen im alleinigen Kampf gegen den inneren Schweinehund, gegen die Droge.

Nur noch die Liebe sollte die größte, schönste und natürlichste Droge in unserer neuen Welt sein. Auch in mir tobte dieser Kampf. Dann war es wieder soweit bei mir: Kaum war mein Freund weg, fiel ich in ein Loch und zog mich mit falschen Voraussetzungen dort heraus. Begab mich wieder unter alte Bekannte und bald schon sollte endlich nach langer Zeit meine beste Freundin wieder frei sein. Darauf hab ich mich so gefreut. Sie war auch clean und wir hatten viele Ziele für ein neues Leben ohne Drogen. Sie liebte ihren Mann, der sie ›reingesungen‹

hatte nach wie vor und hatte sich gegen jeden und alles, auch gegen sich selbst, immer an seine Seite gestellt. Und geschwiegen wie ein braves Lämmchen im Glaube an die Liebe ohne Rücksicht auf sich selbst. Und das war der Dank, kurz und knapp heißt es dann: Sorry, bin neu verliebt. Bumm, das sitzt dann richtig! Der Boden unter den Füßen scheint sich aufzutun. Einsamkeit schreit in dir nur noch auf und es zerreißt dir fast das Herz vor Schmerz. Doch du kannst nichts dagegen tun. Wieder mal verloren, wieder mal ein Schritt vor und zwei zurück. In diesem Kampf kann keiner gewinnen, Liebe lässt sich nicht erzwingen und man muss erkennen, wenn man das Recht hat zu gehen, bevor man sich und andere zerstört.

Meine Freundin und ich mussten jeder für sich noch mal ganz von vorne anfangen. In allem auf Null. Aber der Kampf hört nie auf und bald kam das, was passieren musste: Wir waren wieder gut dabei. Zwar nicht mit allem, doch es wurde wieder mal unkontrolliert und keiner schrie »Aufhören!«. Ab und zu Party, um zu vergessen, was uns das Herz so schwer macht. Genossen Freiheit und Freundschaft. Wir waren fast glücklich und ausgelassen wie Kinder – die einfach leben und sich nichts dabei denken. Auch nicht an eventuelle Konsequenzen.

Eines Abends war ich etwas durcheinander und tief enttäuscht, weil ein dummer Mensch etwas zu mir sagte, das mir fast den Atem raubte und mich unsagbar haltlos machte. Meine Liebe wäre keine Liebe, nur Nutz- und Zweckgemeinschaft – und vielleicht guter Sex!? Das tat richtig weh, auch wenn es nur ein Außenstehender sagte, ein guter Freund meines Freundes. Ich war im Moment einfach zu schwach, um zu erkennen, dass das alles nicht so ist. Das wurde mir leider erst später klar, als es fast zu spät für ›Alles‹ war. Zu spät fürs Leben und die Liebe. Wir waren halt etwas verrückt und haben uns eine Hexenparty gegönnt mit zu viel Drum und Dran. THC, Tollkirschenschnaps 80 % Alkohol, bisschen Pep, dazu ein gehöriger Adrenalinstoß, als es einem Teilnehmer krampfmäßig nicht gut ging und ich ihn halten musste, glaubte in dem Moment, der kratzt ab. Bumm ... Alles miteinander gab mir den Rest! Party beendet, nur noch heim und hoffen, der Film geht bald zu Ende! Die ganze Welt um mich herum schien sich zu verbiegen, alles ein grelles Farbenspiel – alles verzerrt, wie durch Nebel sichtbar, der Boden unter den Füßen tut sich auf und du fliegst im Sturzflug durch deine innersten Ängste und Träume, alles stülpt sich aus dir heraus. Du kannst nichts mehr wirklich annehmen oder verarbeiten, alles dreht sich – dein Hirn ist ein Wackelpudding, der sich um die eigene Achse dreht! Oh Gott, was hatte ich getan?

Mir wurde am anderen Tag erst richtig bewusst, dass mir irgendetwas diesmal ganz entsetzlich zusetzte. In diesem Umfang kannte ich das nicht und hatte es auch nie kennenlernen wollen – hatte ich nicht alle Warnungen wieder mal in den Wind geschlagen? Mir ging es mit jedem Tag schlechter, kaum aß oder trank ich was, kam ich auf Film, besser gesagt auf Trip. Tollkirsche ist sehr, sehr stark in halluzinogener Wirkung und meine Welt wurde nur noch unwirklich. Hatte das Gefühl hinwegzugleiten. Selbst das, was ich eigentlich <u>immer</u> konnte, egal wie es mir erging, das Autofahren, war nicht mehr möglich. Mir wurde richtig Angst und Bange vor diesem heftigen Turn. Und egal was ich versuchte, ich kam immer weiter drauf – ein haltloser Tunnel ohne Licht am Ende! Nicht lesen – nicht schreiben! Der Trip der Tollkirsche, er wurde zum Trip durch mein bisheriges Leben und nur durch Glück (?), und weil ich eben doch noch ein gutes und starkes Herz hatte und ich mich auch vier Tage und Nächte nicht eine Sekunde einschlafen ließ, bin ich noch da.

Das wurde mir klar, als ich zum ersten Mal in meinem ganzen Leben nachts in einer Notfallambulanz im Krankenhaus landete. Nachdem sich mein Zahnfleisch als Feeling auflöste und aus den Wänden auch noch Zahnfleisch kam, das mich auffressen wollte, konnte ich nicht mehr. Meine Arme und Beine waren wie aus Pudding und ich ging wie auf Watte ohne Gefühl für den Boden unter den Füßen.

Mein Körper gehörte nicht mehr mir. Ich war übersensibilisiert und dazu noch dauergeil, dass ich es mir gar nicht hätte oft genug machen können, ohne auch noch dabei völlig durchzudrehen. Gedanken – Gedanken – Unruhe – alles scheint sich gegen einen zu stellen. Die Zunge fühlt sich dick und wie mit Pelz überzogen an. Du kannst nicht viel trinken und gar nichts essen. Dein Mund wird immer trockener – Tagelang! Bei mir sollte es dauern. Wurde im Krankenhaus auf Dauerberuhigung für mindestens 24 Stunden gesetzt und konnte endlich ein bisschen schlafen.

Von da an war ich wieder da, wo ich vor einem Jahr schon einmal war. Beim Drogenarzt – acht Monate Substitution und Medikamentenentzug waren umsonst gewesen. Welch ein innerer Frust machte sich breit. Das war nicht mehr schön, nur noch beängstigend, immer mehr Psycho!

Konnte bis Nachmittag gar nicht mehr aufstehen, aber auch immer noch nicht schlafen. Nach genauerer Diagnose meiner Überdosis wurde erst mal richtig klar, was <u>ich</u> getan hatte, wieder mal. Erst kurz vorher hatte ich eine große Zahnoperation unter Vollnarkose, alles raus, Oberkieferspaltung und begradigt, Zahnfleischverpflanzung, Holzhammermethode – Kamikazelife. Danach war ich mit Codein (Schmerztabletten) und Diazepan (Beruhigungsmittel) acht Tage abgedichtet. Hochdosiert, THC – 80 % Schnaps aus Tollkirsche, mit der Stärke, die sich aufgebaut hatte von bis zu 40 Tollkirschen, eingelegt mit Ast und Blatt, davon mindestens vier cl, das hätten allerhöchstens Tröpfchen für mich sein dürfen. Tagelang aß ich auch öfter <u>eine, manchmal auch</u> bis zu fünf Stück über den Tag verteilt als sogenanntes harmloses Späßchen und dazu noch jede Menge Adrenalin – alles in mir aufgebaut, dass mich das so richtig schickte. Und hörte nicht auf. Selbst beim ›Liebe machen‹ versagte ich, weil mich alle Gefühle richtiggehend umhauten, so tief ging mir alles. Wie in der Achterbahn beim Sturzflug fühlte ich mich bei jedem Höhepunkt – einfach umwerfend – mir wurde selbst dieses Gefühl zu viel! Das ging 14 Tage lang, nebenher musste ich alle zwei Stunden ein Antioxidant nehmen, dann Champhorra (Kampfer) alle drei Stunden, wochenlang. Es ging jetzt richtig um – ›Mein Leben – Meinen Geist‹.

Das verursachte Todesängste. Zittern bei der kleinsten

Aufregung, alles, alles wurde um mich herum unwirklich und furchtbar nervend, trieb mich bis zur Aggression. Ich war nicht mehr ich, sondern nur noch ein Nervenbündel.

Meine sogenannten Freunde, bis auf ein paar, ließen sich nicht mehr blicken, riefen auch nicht an, seit sie wussten, was geschehen war und ich immer noch nach so langer Zeit nicht normal war und voll funktionsfähig wie sich die Herrschaften das so vorstellten. Ich konnte ja nicht mal mehr eine normale Zigarette rauchen, ohne auf Film zu kommen. Selbst meine beste Freundin war mir kein Halt und mir wurde klar, dass ich mir das wohl alles nur selbst zuschreiben kann. Ich hatte ja dafür gesorgt, dass Tollkirsche überhaupt in unser aller Hände gelangte. Wollte eben mal wieder jemanden einen Gefallen tun. Aber ich war damit unerfahren und habe mein Leben in fremde Hände gelegt ohne darüber nachzudenken.

Über vier Wochen habe ich mich isoliert, es gab in meinem Kopf nur noch mich und meinen für mich liebsten Mensch und Freund. Zum Glück. Denn heute weiß ich, dass meine sogenannten besten Freundinnen miteinander auf dem besten Weg sind, in der Hölle wieder anzukommen, aus der ich Gott sei Dank raus bin. Wäre ich mit denen zusammen gekommen, hätte niemand Skrupel gehabt, mich auch noch mit dieser Droge wieder zu berühren: Heroin! ES schlich sich wieder in mein Leben. Allein am Telefon reichte mir das. Sie hatten sogar schon wieder bei jemanden die gleiche Menge an Tollkirschenschnaps wie bei mir ausgetestet: bei ihrer neuen besten Freundin, und der ging es anscheinend gut. Hoffentlich nicht so gut wie dem Jungen an dem einen Abend, der fast wegkippte, er hatte nicht gewusst, was in dem Glas alles drin war, erst als man ihn hinterher fragte: »Hast du schon mal Tollkirsche probiert? Jetzt hast du.«

Welch ein Wahnsinn! Mich schickte dies ohne Ende. Hätte mir vorher jemand gesagt, Tollkirsche ist noch stärker in seiner Wirkung als Heroin, ich hätte die Finger davon gelassen. Doch mir wurde der Spaß gegönnt! So allein wie in dieser Zeit war ich selten in meinem Leben – wie ein Blatt im Wind, das einfach umher geblasen wird, bis es irgendwo liegen bleibt. Das machte mir große Angst. Ich wurde fast ohnmächtig bei dem Gedanken, dass dieses Overdosed-Feeling jetzt für immer bleiben würde. So muss sich ein Mensch fühlen, wenn er freiwillig von der Brücke springt, nur damit der Schalter abgestellt und endlich Ruhe ist. Hatte in dieser Phase bereits fast drei Wochen kaum geschlafen, kaum gegessen, oft zu wenig getrunken. Kein Fett, kein Fleisch, kein Zucker, Milchprodukte, alles putscht dich sofort wieder auf Film. Lebensbedrohend. Das und noch viel mehr wurde mir heftig klargemacht. Ich war am Ende und wollte es immer noch nicht einsehen. Kaum konnte ich mich auf den Beinen halten, ging's wieder rundrum, doch alles war anders. Alles und jeder brachte mir nur einen schlechten Film, schlechte Geschäfte und schlechtes Gewissen meinen liebsten Menschen gegenüber, die ich finanziell mit ruinierte, das passiert ganz automatisch. Das Geld steckt immer in irgendwas drin. Du übernimmst dich und kannst nicht mehr genug raus holen, weil du selbst der ›beste Kunde‹ bist, oder du wirst abgezockt, weil Gutmütigkeit sich in dem Geschäft rächt, alles ist eine einsame Scheiße und macht mich nur noch fertig. Es sollte endlich alles aufhören, doch wie? Solange ich mich noch selbst verantwortlich dafür machte, ob irgendwer irgendwas hat, war ich nicht auf dem Weg ›resozialisiert‹ zu sein.

Hilflos! Noch!

Mein für mich bis heute bester und liebster Mensch sagte mir so ehrlich und hart die Meinung in einer Phase, wo ich nackt in der Seele richtig am Ende war und dieses Gefühl, <u>ihn</u> jetzt auch noch zu verlieren, war für mich in meinem Horrortrip der nächste Adrenalinschock und schickte mich noch mal richtig auf die Reise. Ich war nur noch drauf, völlig irre im Hirn. Erst gefickt und dann geschickt, so empfand ich das. Was natürlich nicht stimmte, denn eigentlich genoss ich nach wie vor jede Sekunde mit ihm, doch in dieser Phase konnte ich alles kaum ertragen und mich machte alles völlig kirre. Das war echt zu viel für mich. Aber weil ich trotz allem sehr verliebt bin wie am ersten Tag und fast alles verzeihen kann, hatte ich ihm ganz schnell verziehen. Kann ja nicht auf jemand böse sein, der es noch als Einziger ehrlich und gut mit mir meint. Daran will ich einfach festhalten, doch leider rutschte ich immer wieder ab in meinem grauen Film, der mich depressiv und fast schon leicht schizo werden ließ. Hatte immer wieder Ausrutscher mit Koks, Pep, trotz meinem Arzt, der mich warnte, noch irgendwas außer Kamillentee zu konsumieren. Welch ein Wahnsinn, ich setzte gerade bis aufs Letzte alles aufs Spiel und wollte noch mal kämpfen, aber wie? Zum

Glück habe ich immer noch meinen besten Freund und immer noch genügend Glückshormone in mir, für die sich <u>alles</u> lohnt. Doch ich musste es für mich selbst tun, mich wieder selbst sehen. Damit die Liebe noch eine Chance hat.

Mir wurde es vorgegeben. Ende machen mit allem, neu anfangen, jetzt musste ich mir richtig helfen lassen und gab endlich ganz klein bei, weil ich nicht mehr konnte, ging zum Arzt, zur Drogenberatung und wurde an die Hand genommen.

Jetzt werde ich nur noch hoffentlich bald schöne Zähne haben, die Hochzeit meiner Tochter feiern, alles auflösen, meine Pflegetiere abgeben, auch meine alte Katze in Pflege geben, was mir fast das Herz bricht. Sie ist alt und wer weiß, ob ich sie je wiedersehe. Tränen, nichts als Tränen bleibt einem am Ende vom Ende. Werde als ›Nichts‹ auf Entgiftung und Therapie gehen, eine lange Zeit. Für mich zum ersten Mal in meiner über 25-jährigen Drogenkarriere! Eingesperrt! Ohne noch ein Heim zu haben, in das ich gehen kann bei Heimfahrt oder Freigang. All das macht mir in meinem jetzigen Zustand so viel Angst, dass ich nur noch innerlich flattere. Das muss ich noch in den Griff bekommen. Vor allem regiert in mir eine große Angst, die mich fast unzurechnungsfähig werden lässt. Habe ich mit all meinem Wahnsinn in letzter Zeit schon alles zerstört, meinen Liebsten verschreckt, kann uns das alles zusammen sein lassen? Ja, ja, ja, ich will nichts mehr anderes, als endlich an mich und nur noch meine ›liebsten Menschen‹ denken und hoffe, auch sie haben genug Kraft und Liebe für mich übrig, mir irgendwann wieder zu vertrauen und mir alles zu verzeihen, was ich in meiner Schwachheit getan habe. I'll keep the faith!

Diese Therapie sehe ich als letzten Strohhalm, jemals unbeschadet von dieser Psychose wieder runter zu kommen und irgendwann doch noch ein Leben ohne Drogen zu führen. Wobei mir das sogar helfen wird. Ich werde auf Entgiftung gehen und brauche nichts mehr. Kein Rauch, keine Tabletten oder sonstiges. Bin so dauerdicht, dass ich nur noch davon wegkommen will. Ohne Liebe wollte ich nie mehr leben müssen und mein Herz ist offen für alles, was da kommt. Dream, Baby, dream. Zum Glück habe ich seit über 20 Jahren meinen Bruce und seine Musik, die genauso unendlich ist wie meine Liebe, die ich tief im Herzen trage. Bruce singt, sichere deine Träume, solange du noch träumst, lebst du noch und hast ein Ziel. Ich habe noch Ziele und sie sind mein Weg. Dieses Buch zu schreiben, egal wie, war auch ein Ziel, mein größtes. Das Schönste werde ich tief in mir vergraben, bis es jemand endgültig ausgräbt. Das kann nur er! »Der Schlüssel zur Veränderung ist die Überwindung von Ängsten.« Das war mein Horoskopspruch für diese Zeit des großen Loslassen. Wie wahr! Die Sterne lügen nie und unser Schicksal ist vorbestimmt. Meine Musik und Bruce kann ich mitnehmen, überallhin! Ich bin gestorben und muss wieder nüchtern werden. Sehne den Tag herbei, an dem ich zu mir und meiner Familie, die mich unterstützt, sagen kann: »Ich bin clean, klar im Kopf und allem gewachsen, was das Leben und die Liebe noch zu bieten haben.«

Kapitel 3

Stellte mir leider wieder mal alles zu einfach vor, der Weg zur wirklichen Hilfe, wenn man sie braucht, ist lang, das hatte ich so nicht erwartet. Ziemlich schnell hatte ich eigentlich mit Hilfe meines Drogenberaters sowohl einen Entgiftungs- als auch einen guten Langzeittherapieplatz gefunden. Doch dort muss man erst mal ankommen! Mein Aufnahmetermin zur Entgiftung in einer geschlossenen psychiatrischen Station eines Krankenhauses wurde auf Anfang November 2008 festgesetzt. Wegen Nachbehandlungen an meinen neuen Zähnen musste dieser Termin leider zweimal nach hinten verschoben werden. Dazwischen kam dann noch die Auflösung unseres gemeinsamen Hauses und zum Glück fand ich ein neues Heim für mich allein, das mir das Einleben schnell und einfach machte. Ein Zimmer im Haus meiner alten Wohnung, in der ich bis vor drei Jahren – insgesamt sechs Jahre – gelebt hatte, war noch frei und meine liebe Vermieterin nahm mich auf, trotz meines Zustandes. Oder auch gerade deshalb, da das Haus einem eigens gegründeten Verein für ehemalige Drogenabhängige mit Arbeitstherapie (Möbel restaurieren) angehörte, den meine Vermieterin als Substitutionsärztin in Rente selbst gründete in ihrem Haus und dafür auch schon vom Land große Anerkennung für ihr Engagement erhalten hatte. Das war meine zweite Rettung durch die Schellack e.V. Vaihingen. Gott sei Dank gibt es noch solche Menschen auf dieser Welt. Für mich die Rettung in meiner Situation. Mittlerweile war es zwei Monate her, dass mein Tollkirschtrip begann, und er hielt immer noch an. Essen oder Trinken genügte schon, um mich wieder auf ›Film‹ zu schicken. Ich war machtlos dagegen und begann wie, es kommen musste, mit Eigenmedikation. Viele gute Ratschläge hatte ich schon bekommen. Und einige nahm ich auch an. Ich nahm in niedriger Dosis wieder Diazepan, gelegentlich auch eine kleine Nase Heroin. Nicht zum Turnen, nicht aus Sucht, sondern nur darum, um ab und zu von diesem abartigen Dauertrip wegzukommen, mal zu schlafen, um meinen Alltag zu bewältigen, was ich ja leider immer noch in ›Freiheit‹ musste.

Wochenlang hatte ich mich isoliert von jeglichen Kontakten mit meinen alten Freunden. Selbst das Auto ließ ich freiwillig stehen, weil ich mich ›nüchtern‹ nicht als fahrtüchtig empfand. ›Rauchen‹ konnte ich überhaupt nicht mehr ertragen und mit den schon genannten harten Drogen arbeitete ich gezielt in kleinster Dosis, um klar sein zu können. Mich machte alles nur noch nüchtern, dann konnte ich funktionieren, verlor meine Ängste und hatte meinen Körper unter Kontrolle.

Eines Abends, ich wollte mich von ein paar Freunden verabschieden, brachte Dinge meiner Pflegetiere zurück (einschließlich der Tiere) und fuhr bei so einer Gelegenheit mit sogenannten heißen Personen harmlos durch die Stadt. Wir waren anscheinend zu langsam gefahren.

Wurden von Zivilen erkannt, „herausgebremst", genötigt, angehalten und zur Durchsuchung mitgenommen. Bis auf eine hatte niemand was bei sich und wegen BTM wurde die Sache eingestellt. Allerdings fanden sich bei mir noch genügend Spuren, um mir jetzt doch noch den Führerschein nach 24 Jahren Unfall- und Schadenfreiem Fahren wegzunehmen. Ich erhielt zunächst ein 24 Stunden langes Fahrverbot, Pappe wurde eingezogen. Dann folgte ein höheres Bußgeld und ein Monat Fahrverbot. Nach einer Anhörung bei der Führerscheinstelle traf ich einen Entschluss. Auf Therapie durfte ich ja sowieso kein Auto führen, also gab ich mein Auto ab, verschenkte es und ließ es darauf ankommen, wie lange ich nicht fahren darf und kann. Sollte ich gesunden und ›clean‹ sein, konnte ich spätestens nach einem Jahr und nach einer MPU wieder einen Antrag auf Neuerteilung der Fahrerlaubnis stellen. Ohne Gegendroge, die mich ›klar und nüchtern‹ machte. Zurzeit konnte ich von mir aus sowieso kein Auto führen, das war mir selbst klar, das sagte mir mein eigenes Selbstverantwortungsgefühl. Ich nahm dies als weitere Konsequenz meines Tollkirschenwahnsinns einsichtig hin, und es würden noch mehr folgen.

Die nächste lag für mich klar auf der Hand! Das große ›Loslassen‹ ging weiter. ›Freunde‹, meine Katze, mein Auto und meine Existenz waren weg. Alle meine bisher ausgeübten Berufe waren auf Führerschein ausgerichtet. Volltreffer! Gut gemacht, Ina, hättest du doch auf jemanden gehört, der dich immer gewarnt hatte. Alles zu spät. Jetzt waren die dran, bei denen ich immer dachte, dass es Freunde sind. Doch man muss erkennen, dass man dem anderen eigentlich selbst scheißegal ist, wenn sie keinen Nutzen mehr von einem haben. Egal, welcher Art auch immer. Ein einziger Scheiterhaufen, ›mein Leben‹ – in jeder Beziehung. Fühlte mich als echte Null und stand am Anfang eines neuen Lebensabschnitts. Ab jetzt konnte ich nur noch um meiner selbst geliebt werden. Wer das tat, würde die Zeit zeigen.

Mein Freund war schwer enttäuscht von mir, das spürte ich unausgesprochen. Hoffentlich verlor ich jetzt nicht auch noch den Glauben an meine Liebe, das wäre mein seelisches Ende. Konnte man so jemanden wie mich überhaupt auf Dauer liebhaben und ertragen? Ich war so misstrauisch allem und jedem gegenüber, so pessimistisch wie ich es nie kannte, brauchte jetzt endlich Hilfe.

Da wurde mir auch noch mein Entgiftungstermin abgesagt, weil erstens die Kostenzusage sich verzögerte und ich in einen anderen Landkreis gezogen war. Meine Therapie war gefährdet. Ich nahm ein Ersatzprogramm in einer Tagesklinik an und ging jeden Tag gerne hin. Machte die Programme mit, wenn ich richtig aß, fiel ich bei der Gruppensitzung im Delirium vom Stuhl; alle lachten. Wie schön für die, keiner konnte verstehen, wie schlimm alles für mich war. Ich nahm keine Ersatzdroge und bekam nur was zum Schlafen (Tee). Dann sollte ich ein Medikament nehmen, das ich nicht kannte: Lyrica. Nahm das Ding vor dem Abendessen und schon auf dem Heimweg merkte ich, dass ich voll auf Trip komme. Aber wieder so stark, dass es beängstigend war, nicht mehr Herr über Körper und Geist, alles drehte und bewegte sich. Konnte kaum noch gehen in der Nacht, alles war verzerrt und unwirklich. Morgens konnte ich mich nicht aus dem Bett bewegen, erst nachdem ich etwas zu mir nahm: Heroin. Hatte in der Nacht schon einen Rückfall, um ›normal‹ zu werden, was kaum gelang.

Meine Treppe war eine Schlucht und der Boden unter den Füßen tat sich auf zur Hölle. Ein dunkler Mann mit großen gelben Augen kletterte auf mich zu. In der Klinik erklärte man mir, dass das alles normal wäre und ich ab heute die doppelte Dosis bekommen sollte. Glaubte, nicht recht zu hören. Nein danke, ich gab mein Tütchen zurück. Erstens wollte ich nur von meiner Sucht und meinem Tollkirschentrip wegkommen und zweitens jetzt nicht auf Ersatz (Psychopharmaka) gebracht werden. Ich sah bei meinen Mitpatienten, wie sehr sie unter diesem Medikament zu leiden hatten. Mir reichten meine früheren Erfahrungen mit Codein, Methadon, Polamidon, Subutex – alles hatte ich schon durch. Schwierig mit so einem Patienten, außerdem ist vermutlich auch nicht viel mit so jemandem wie mir zu verdienen, wenn Versuche mit neuen Medikamenten abgelehnt werden. Das ADS- und ADHS-Syndrom hätte ich, sagte man mir. Das sind Kinderkrankheiten, oder? Ich war denen viel zu aufgeweckt und noch zu lustig beieinander. Dass ich unter alldem über zehn Kilo abgenommen hatte in drei Monate, mich kaum traute, richtig zu essen, um nicht auf Trip zu kommen, schien niemand als Krankheit zu empfinden.

Bei nächster Gelegenheit, als ich morgens kam und mir der Urinbecher zur Kontrolle gegeben wurde, war es vorbei. Das war link. Es stürzten sich wie abgesprochen alle gleichzeitig auf mich. Alles war anders. Eine rief mich gleich zum Blutdruck, eine fühlte meinen Puls, die nächste hielt mir das Pustegerät hin, als ich mich umdrehte und meiner Betreuerin sagen wollte, dass ich Scheiße gemacht habe und heute besonders dringend zur Psychologin müsse, hielt sie mir schon den Becher hin. Ich hatte keine Chance, alles war verwirrend und außer der Reihe an dem Morgen. Ich sagte sofort, dass ich einen Rückfall hatte und hätte es auch von mir aus selbst gemeldet, hätte man mich gelassen. Anscheinend hatte ich es jetzt zu spät gesagt! Hä, wann sollte ich denn einen in derselben Nacht erfolgten Rückfall melden, wenn nicht vor der Kontrolle, das verstand ich nicht. Das war meine erste klinische Entgiftung und ich wollte eigentlich alles richtig machen, wusste auch, dass Rückfälle vorkommen und dass es ja sowieso raus kommt bei der Urinprobe. Also so blöd bin ich auch nicht. Ich hatte selbst in so einem Rückfallstadium auf Hilfe und Verständnis gehofft. Alles, was ich versuchte, ich erklärte mich und bettelte ehrlich um Nachsicht, war umsonst, ich musste sofort gehen. Welch machtloses Gefühl. Totalversagen und der Gedanke, jetzt ab auf die Brücke oder vor einen Zug, war mir im ersten Moment sehr nahe.

Voller Verzweiflung und verdammt ungerecht behandelt fühlte ich mich, stand wieder am Abgrund zur Hölle – Drogen. Denn nach so einem erniedrigenden Erlebnis gibt es nur noch eines für dich – wegdröhnen. Selbstverzweiflung hoch drei, mein Therapieplatz war schon wieder gefährdet. Ohne Entgiftung kein weiterkommen, warum um alles in der Welt wurde es einem so schwer gemacht, wenn man endlich Hilfe sucht und kaum mehr Kraft dafür findet, darum zu bitten, ja, geradezu danach schreit. Stumm vor Schwäche! Jetzt stand ich wieder da, wo ich vor drei Monaten angefangen hatte.

Ein neuer Entgiftungsplatz musste her. Den fand ich dann selbst und hoffte auf Mitwirken meiner anschließenden Therapieklinik, weil dieser Termin jetzt ebenso nach hinten verschoben werden musste. Es liegen ständig Wochen zwischen den Terminen, da alle Plätze voll ausgelastet sind. Wenn es dir so dreckig geht, du voll im Suchtsumpf steckst, dann ist jeder Tag eine halbe Ewigkeit. Ich wollte wirklich nichts mehr anrühren und clean werden. Gezielt, nur um meinen sonstigen Trip zu bekämpfen. Ich hatte und habe solche Panik vor dem Turn. Gesundheitlich sah es bei mir so aus: Ich konnte kaum trinken, kannte kein Hungergefühl und alles aktivierte den Trip, besonders Fett, Fleisch, Milch, Kaffee, Tee (bis auf wenige), Zucker und besonders Schokolade. Die sollte mich bis zum heutigen Tag auf ewig glücklich machen! Wurde immer weniger, mein Kreislauf flippte, fühlte mich wieder mal steinalt, eigentlich zu schwach zum Kämpfen. Brachte noch 48 Kilo bei 1,55 Meter auf die Waage. Denn mit jedem Rückfall wirst du schwächer und suchst wieder Trost in deiner Droge. Das merkte ich jetzt am besten, gerade bei mir selbst, dass wenn ich jetzt nicht schnell wegkomme, bin ich bald wieder richtig drauf. Und das darf nicht passieren, hoffe mein Drogenberater hilft mir jetzt endlich, dass mein Weg raus aus der Droge weitergeht und nicht, bevor er überhaupt richtig angefangen hat, endet.

Mein Buch endet auf jeden Fall vorerst mal hier, wie alles weitergeht werde ich, wenn ich kann, in einem Therapiebericht festhalten. So wie ich jetzt daran festhalte, dass alles gut wird, denn:

Die Liebe und Hoffnung stirbt wieder mal zuletzt.

Ina Kamikaze

P.S.: Um den 20. Januar 2009 herum ging es endlich los, 21 Tage Entgiftung und ab Anfang Februar Beginn meiner, ich kann es selbst kaum glauben, Langzeittherapie, über die ich zurzeit nicht hinaussehe. Ich bin nackt bis auf die Seele und hoffe, dass die Sterne mir gnädig sind. I'll keep the faith ...

Ab zur Entgiftung – Therapie – Erlebnisbericht

Endlich war es soweit, Aufnahme zur Entgiftung. Wurde schon am Bahnhof abgeholt und erst mal ins Filzzimmer. Alles ausziehen, abgeben zwei bis drei Kombinationen raus suchen, der Rest war vorerst weg. Alles Persönliche.

Alle hatten nichts, außer der Erkenntnis, jetzt bleibt nur noch der Entzug, egal von was, es sollte heftig werden – Kaltentzug. Die ersten vier Tage ging's noch, hatte ein Restpolster in mir von fünf Substanzen: Heroin, Kokain, Polamidon, Benzodiazepine, THC – und mein Dauerdicht Atropin meiner Tollkirsche, immer noch. Seit fast fünf Monaten. Konnte so Mitpatienten zur Seite stehen: Heroin-, Metha-, Benzoentzug – das tut richtig weh. Der Mensch ein Häufchen Elend, nichts mehr unter Kontrolle, die Droge mit ihrem hässlichsten Gesicht. Dazu noch Therapieprogramm wie Gruppensitzung, Regelmahlzeiten, Arbeitstherapie (putzen, waschen, Küche), Tee, Tee, Tee, Leberwickel und vor allem der Spaziergang! Der sollte mich brechen. Wollte nur den kleinen mitmachen, und wurde dann aber nach Problemen mit einem Betreuer gezwungen, auf den großen mitzugehen. Man sollte nie den Stinkefinger zeigen, auch nicht zum Spaß. Denn der hörte für mich ab sofort auf. Mitgeschleppt über zehn Kilometer Wald, immer bergauf, und fast heimgetragen von Mitpatienten.

Ich war mehr tot als lebendig, die letzte Kraft war mir entwichen. Und mir war ab da nur noch übel. Von da an war der Eimer mein ständiger Begleiter. Selbst zu den Mahlzeiten musste ich am Tisch verweilen. Für mindestens zwei Minuten, danach konnte ich flüchten ans offene Fenster am Bach. Das ging fast zehn Tage so, meine Medizin war Birnensaft und trockenes Brötchen. Ferner alles, was die Homöopathie hergab. Mitpatienten flößten mir Gemüsebrühe, Banane, Zwieback, Haferschleimsuppe ein.

Ich hatte Angst um mein Leben, dachte die tragen mich hier in der Kiste raus. Wollte raus in ein Krankenhaus, da bekam ich endlich Hilfe. Wurde an den Tropf gehängt zur Rettung. Es hat sich im Nachhinein erwiesen, dass ich den Noro-Virus hatte, angesteckt hatte ich mich bei meinen Enkeln, die vorher noch Kontakt mit mir hatten. Entzug und Virus, es war die Hölle auf Erden, so was will ich mein Leben nicht mehr erleben müssen. Erlebnisse, die bei mir echt den Schalter umlegten. Habe liebe Menschen kennengelernt in kurzer Zeit, so viel Herzenswärme gespürt, das hätte ich nie für möglich gehalten. Besonders eine Gruppe von Russland-Deutschen, die mir mit ihren Taigaliedern das Herz übersprudeln ließen; meine russische Liebe lebte neu auf.

Leider konnte ich meinen frechen Mund nicht halten und setzte mich ein für Sauberkeit, Gerechtigkeit, wollte unmenschliche Zustände im Streit öffentlich machen. Das bedeutete meinen Rausschmiss zwei Tage vor Ende und Weiterfahrt zur Therapie. Musste noch mal nach

Hause, blieb bis auf THC sauber und konnte nach einem Telefonat meine Langzeittherapie doch noch antreten.

Dort sollte ich kennenlernen, was ich meinem Körper 25 Jahre lang angetan hatte. Ich wog keine 40 Kilo mehr, mit den Nerven war ich am Ende und wusste nicht, was auf mich zukommt. Noch auf Entzug, konnte nicht schlafen, essen, still halten.

Alles in einem zappelt, jeder einzelne Nerv, ein ekelhaftes Gefühl. Das gab Probleme mit meinen Mitbewohnern im Zimmer. Zum Davonlaufen. Einziger Lichtblick: Mein Süßer war nicht weit weg auf Therapie und besuchte mich, ein Spaziergang und heimliche Wonne im Busch nach drei Monaten Trennung; so klar, so rein und gut – eben einfach Liebe. Dann brachen sämtliche Krankheiten aus; ich hatte gleichzeitig Erkältung, Husten, Nebenhöhlen- und Mittelohrentzündung und meine rechte Niere versagte den Dienst – mein Körper eine einzige Entzündung!

Das kam und ging über zwei Monate hinweg. Nach der Ergotherapie kam die Arbeitstherapie – Gärtnerei und so weiter, für mich Schwerstarbeit. Dann durfte ich zum Ponydienst. Da hatte ich ein Schaf, vier Geißlein, eine Ziege und zwei Ponys zu versorgen.

Mittlerweile hatte ich ein Einzelzimmer, meine Musik, ein paar liebe Freundinnen, Spaß an Therapie aller Art und mir ging es immer besser. Gutes Essen und viel frische Luft bei der Arbeit. Ich liebte die Tiere über alles und ging voll in meiner Betreuung auf. Gewiss, es gab Konflikte mit Mitpatientinnen, meist äußerst banal, doch dort wurde alles wichtig und hochgespielt. Ich hatte es mit geschädigten kranken Menschen zu tun. Und Hinterhältigkeit war an der Tagesordnung. Nach so einer Aktion wollte ich das erste Mal hinschmeißen. Doch da kam eine Wand von Aufmunterungen und Menschenliebe auf mich zu, sodass ich nicht gehen konnte und froh war, dort zu sein. Denn jedes Tief bringt auch ein Hoch, und mein Ziel war, clean zu sein und zu bleiben. Fühlte mich gehalten und wuchs in eine nette Gesellschaft hinein. Mein Innerstes stülpte sich nach außen, lernte endlich, mich selbst zu erkennen und zu richten für all mein Tun in der Vergangenheit. Aber auch mein kindlicher Missbrauch mit all seinen hässlichen Gesichtern und dem schuldvollen, selbstverachtenden Gefühl wurde verarbeitet, damit ich lerne, clean und ohne Flucht damit zu leben. Hatte ein gutes und offenes Verhältnis zu meinem Psychologen, fühlte mich gut aufgehoben. Hatte mich und meine große Liebe, mein Kleiner durfte sogar mal übernachten, meine Kinder, meine Familie – alle hielten zu mir und das gab Mut zum Weiterkämpfen, positiv denken und leben.

Dann ein Arbeitsunfall, mir schlug die Deichsel einer Plättwalze mit voller Wucht ins Gesicht. Die Folge waren zwei Platzwunden über und unterm Auge – zum Glück wurde das Auge selbst nicht getroffen –, ein ordentliches Veilchen und ein Kopf wie ein Riese, fühlte mich wie erschlagen. Ab da nur noch Schmerzen; im Genick, Rücken, wusste nicht mehr alles. Versuchte noch, weiter zu arbeiten, musste schwer heben und viel zu Fuß unterwegs sein. Irgendwann wurde es so stark, zog durch alle Muskeln bis ins linke Bein. Eine Tortur begann. Täglich zur Medizin, alles Mögliche wurde probiert, selbst lokale Betäubung brachte mir natürlich nur für Stunden Linderung.

Ich befand mich in einer Suchtklinik, Schmerzmittel müssen hart erkämpft werden. Mich zermürbte das, machte alles bisher Gutes zunichte. Mich regierte nur noch dieser Schmerz – Tag und Nacht –, konnte nicht schlafen. Trotz meiner Psychopharmaka, die ich zur Ruhigstellung (wegen meiner Tollkirsche) seit Wochen bekam. Außerdem bekam ich Schmerzmittel, Ibuprofen, das aber nur gegen leichte Sachen hilft. Ich spürte immer mehr, da ist irgendwas Schlimmes, das waren Schmerzen, die ich im Leben nicht kannte und ich weiß, was Schmerz ist. Die Ärztin dort wusste nicht weiter und mein Psychologe wählte seinen Weg: Er riet mir, mich nicht mehr von meinem Schmerz dirigieren zu lassen, mich endlich zusammenzureißen. Würde mir jede letzte Sympathie so verderben und habe Schwestern und Betreuer an ihre Grenzen geführt.

Natürlich, ich bettelte ja täglich mindestens dreimal um Schmerzmittel. Mein Schmerz sei psychosomatisch, suchtbedingt, ich sei das Leiden Christi und solle damit aufhören. Früher hieß es ein paar Mal, dass bei mir nur noch ›Notschlachtung‹ helfen würde, was ich als Spaß verstand.

Jetzt nicht mehr. Mir war jeglicher Spaß vergangen, ich war nur noch Schmerz. Verlangte, beim Spezialisten weiter behandelt zu werden. Schleppte mich in die Stadt zum Orthopäden, nächste Woche solle es weitergehen zum Chirurgen – Kernspintomografie.

War enttäuscht, sollte noch eine Woche mit Schmerzen aushalten, kam zurück und hatte auch noch Zimmerkontrolle, schließlich war ich ja morgens nicht schnell genug in die Stadt gekommen. Was dachten die von mir? Bisher hatte ich keinen Rückfall, nicht mal beim Heimurlaub, und jetzt war ich nur zum Arzt in der Stadt. Nicht mal Schmerztabletten hätte ich gekauft. Das enttäuschte mich sehr. So konnte ich es nicht weiter aushalten. Fast drei Wochen nichts als dieser mich fast wahnsinnig machende Schmerz und ich wurde verdächtigt, das alles nur inszeniert zu haben. Das war zu viel! Hatte zwar all meinen Liebsten versprochen, die Therapie durchzuhalten, doch ich konnte nicht mehr.

Suchte die Entscheidung am anderen Morgen in der Medizin, die an dem Tag mein Psychologe als Oberarzt leitete.

Eine Mitpatientin hatte sich einen Rückenwirbel gebrochen und lief damit mindestens zwei Wochen bis zur Diagnose. Eine andere klagte über Schmerzen, durfte noch zwei Tage Rasenmähen und verlor danach ihr unwissentliches Kind, das gab mir alles zu denken und machte mir selbst große Angst. Hier war es toll, doch medizinisch fühlte ich mich an die Wand gestellt. Wollte, dass ich in ein richtiges Krankenhaus verlegt werde. Doch das müsse ich selbst veranlassen und dann gleich die Klinik verlassen, also abbrechen gegen ärztlichen Rat. Was tun? Ich konnte nur eine Entscheidung fällen, mein Schmerz war größer als die Vernunft, meine Therapie weiterzumachen.

Ich war clean und so hilflos wie noch nie ...

Also musste ich packen und meine Rückfahrt organisieren, teuer mit Taxi, da ich unfähig war, richtig zu gehen. Zu Hause leitete ich alles in die Wege, in ein richtiges Krankenhaus zu kommen. Vom Hausarzt zum Orthopäden und dort bekam ich endlich meine genaue Diagnose: Ich hatte einen komplizierten, doppelten Lendenwirbelbandscheibenvorfall! Zum Glück war mein Arzt ein Spezialist auf diesem Gebiet und konnte mir eine spezielle Spritze setzen, was nur sechs Ärzte in der ganzen Gegend beherrschten. Leider sitzt das bei mir so tief an der engsten Stelle, wo mehrere Nervenbahnen verlaufen. Erst wurde ich ohnmächtig, und dann hatte ich eine Lähmung ab dem Oberbauch. Nichts ging mehr. Kein Gefühl mehr für Beine, Blase ... so musste es sein, wenn man gelähmt ist. Das sei noch nie passiert, wurde mir versichert – was mich nicht sehr beruhigte –, und würde wieder weggehen. Doch wann? Spinallähmung. Also wurde ich direkt ins Krankenhaus gebracht. Gegen Morgen konnte ich zum Glück meine Beine wieder spüren und bewegen. Der Schmerz kam zurück. Ab da wurde ich täglich gespritzt, dreimal im OP unter PDA; das war die große Spritze. Nach zehn Tagen wurde ich entlassen, hatte zwar immer noch Schmerzen, doch das eingespritzte Opiat zeigte Wirkung, und Besserung war in Sicht. Ab da begann meine Schmerztherapie und angesichts meiner Ex-Sucht bekam ich nicht gleich die stärksten Mittel, sie machten mir doch meine Schmerzen erträglich, ich selbst entschied mich gegen Morphinbehandlung.

Ab jetzt heißt es für mich zu lernen, mit dem Schmerz

zu leben. Langes Liegen, Stehen, alles ein Problem. Nichts heben, selbst mein Haushalt war eine Herausforderung für mich. Fühlte mich unfähig, unnütz und suchte psychologische Hilfe bei meinem Drogenberater. Ab und zu rauchte ich mal was, doch sonst sollten Drogen für mich tabu sein. Eine große Enttäuschung war mein Freund, er hatte nichts Besseres zu tun, als, kaum dass ich wieder zu Hause war, bei mir mit Drogen aufzulaufen. Er hatte selbst eine Therapie hinter sich und war rückfällig mit Heroin. Ich blieb stark, drei Tage lang. Er ging wieder, mit einem Sorry auf den Lippen!

Sorry, ja, das war es, was mir jetzt blieb. Tut so was ein guter Freund, mein liebster Mensch dieser Welt, in meiner rosafarbenen Fantasie gar meine Liebeswelt? NEIN. Klares NEIN zu all diesem Tun. Eine Hand voll Scheiße wäre wertvoller gewesen. Ich musste etwas ändern, gegen Gefühle, gegen meine sonstige Überzeugung, gegen diese Liebe!

Man sagt, Liebe ist wie eine Träne im Meer, und er war und ist meine Träne, die ich erst gefunden und dann verloren habe, um sie vielleicht wiederzufinden. Wieder mal hatte die Droge einen Sieg errungen, sie hatte mir deutlich gezeigt, was nicht mehr sein darf in meinem Leben. Diese Überzeugung wird mich weiterleben lassen, immer positiv zu denken, auch wenn es noch so weh tut. Gott sei Dank gibt es noch Menschen in meinem Leben, bei denen ich sicher sein kann, da werde ich geliebt und geachtet, für die lohnt sich ein Leben ohne Drogen.

Doch besonders für dich selbst!

Danke allen Betreuern, Psychologen, Therapeuten, Ärzten und ganz besonders meinem Drogenberater.

Der Weg hin zur Hilfe hat sich gelohnt und das ist es, was ich in Zukunft ruhigen Gewissens weiter geben kann und will, und niemals vergessen werden: Die Hoffnung stirbt zuletzt, denn die Liebe ist die beste und natürlichste Droge in der Welt, man muss es nur erkennen und zulassen.

Kapitel 4: Das Ende.

Das hoffe ich auch für mich selbst, immer noch, auch wenn diese große Liebe am Ende an den Drogen zerbrach. So dachte ich zumindest zum damaligen Zeitpunkt.

Ende August 2010 setzten sich bei mir schlagartig und bösartiger denn je – vermutlich nach zu viel Arbeit; freiwillig, um innere Unruhe zu stillen – sämtliche Symptome des ehemaligen Tollkirschentrips ohne absehbares Ende frei. Welch ein Wahnsinn, Psychose aktiv. So dachte ich! Meine große Liebe sah ich verloren, wochenlang wieder ein Blatt im Wind des Lebens – umher geblasen und nie wissen, wo es liegen bleibt. Im Kopf ›Lebenslehren‹, nicht nach dem Warum forschen, leben, lieben, vertrauen, jeden Tag als Geschenk ansehen. Wer weiß, was morgen ist.

Jeder hat sein eigenes Wesen, es wäre stumpf, wäre man gleich. Wenn jeder seine Persönlichkeit behält, wird Liebe interessanter, schöner und ausgefüllter. Jemanden zu lieben wie er ist, das ist wichtig – ohne Bedingungen. Wer bin ich? Was soll ich sein? Zwiespalt – Liebe da, Kopf dort, das Herz schreit. Du bist in mir, ich kann mich nicht zweiteilen. Versuche zu leben, zu lieben, zu verstehen. Den Sinn des Lebens zu finden. Heute will ich mein Reich schaffen, meinen Hort finden, in dem ich deiner Liebe nachträumen kann. Traurigkeit überkommt mich.

Und doch, es wird verlangt, dass ich lebe, um zu lieben! Große Sorgen und Freuden, die mich innerlich überwältigen, wie zum Beispiel, dass sich meine Tochter endlich vom Vater meiner Enkel trennt. Ein Horror ohne Ende, jahrelang. Leider wieder eine gescheiterte Liebe, wobei auch noch zwei kleine Kinder, meine Enkel, die ich über alles liebe, irgendwie wieder auf der Strecke bleiben. Das Leben meiner jüngsten Tochter: ein gelebter Kampf um Arbeit, Wohnung, Kitaplatz. Sie hat eine gute schulische Ausbildung, ist intelligent genug, alles zu bewältigen. Das weiß ich, und doch es zerreißt mir fast das Herz bei alldem. Freunde von mir sind gerade Eltern geworden, mein erstes Patenkind. Dann noch größere Freude, ich werde zum dritten Mal Großmutter von meiner ältesten Tochter; alles einfach umwerfend. Das alles noch unter persönlichem Druck. Wie auf Pille bin ich Tag und Nacht unterwegs, an Schlaf nicht zu denken. Musik, Papier, mein größter Halt. Wochenlang.

Bis es losging bei mir mit Eigenmedikation. Teilweise quer Beet, wie zu meinen schlechtesten Zeiten. Dazu kam noch Alkohol kurzzeitig dazu. Das Rädchen in meinem Kopf ließ sich nicht abstellen. Erste große Kreislaufschwächen stellten sich ein, tagelang Polytoxikomanie in Aktion. Alle um mich herum hilflos und entsetzt. Wochenlang kein Schlaf. Aggressionen. Aufregung. Tiefe Verletzungen. Auf der Suche nach Wärme. Hilflosigkeit. Krankheit? Durchgeknallt? Meine große Tochter ist übrigens davon überzeugt, das, ich nicht verrückt oder psychotisch bin, sondern Schilddrüsenkrank – Hashimodo –, alle Symptome treffen leider auch auf mich zu. Später mehr dazu, denn sie hat es auch erst nach zehnjährigem Irrlauf als Hypochonder diagnostiziert bekommen. Dann ein Lichtblick, meine Liebe meldete sich wieder, wachte wieder auf und war wieder da ... wie ein Kick. Mir war egal, drauf oder nicht drauf – ich wollte ihn wieder in meinem Leben spüren; Teufele hat da über das Engele – links und rechts auf meiner Schulter – gesiegt.

Heute ein Tag, an dem ich zur Bank ging, um meine Angelegenheiten dort zu erledigen. Mir war schwummrig und ich erkannte mir bekannte Gesichter auf der Straße nicht. Am Eingang zur Bank kommt mir einer der größten Ärgernisse der letzten Wochen und Monate entgegen: das wurde er nach seinem endgültigen Rausschmiss aus unserem Verein, welchen ich im Auftrag des Vorstands veranlasst hatte. Ein Blick und ich kam mir vor wie ›erschossen‹. In der Bank die totale Verwirrung, mit dem Gefühl dahinzugleiten. Meine Beine gehorchten mir nicht mehr. Wie aus Watte. 3D-Blick, ein schlechter Film. Meine Sachbearbeiterin kam mir zu Hilfe, beim Ausfüllen des Vordrucks, da ich erstmal den falschen benutzt hatte. Unfähigkeit in meinem Hirn! Sie gibt mir den richtigen Vordruck und ich fülle den einen, abgeschrieben vom nutzlosen aus. Wie ein Volldepp schleppe ich mich wieder an den Schalter, stehe vor der Angestellten und lege ihr den zerknäulten, nutzlosen Vordruck hin, den guten hatte ich im Papierkorb unterwegs entsorgt. Alles wie im Film, saulustig und gleichzeitig saublöd. Mir ging es alles andere als gut und konnte dann gerade noch abwenden, dass ein Krankenwagen für mich gerufen wird. Wie in Trance meldete ich mich auf der Arbeit zurück, und dort sah jeder gleich: Mir gehts nicht gut. Blutdruck messen – 158 zu 138, Puls 128; alles rast. Gehe ans Telefon und rufe meinen Freund an. Er hört sofort, was los ist, und sagt nur: »Ich komme zu dir.« Kaum betritt er mein Leben, geht die Sonne für mich auf und das Herz. Das tat wieder mal so gut. Der Pakt mit dem Teufel wurde wieder mal übersehen. Mit Droge, egal, nützte diesen Abend aus, um ohne sein Wissen nach mehr zu greifen, als mir im Mix guttun würde, ohne darüber oder irgendwelche Konsequenzen nachzudenken. Warum? Einfach, um endlich wieder mal zur Ruhe zu kommen, und sei es auch nur für kurze Zeit. Endlich, nach wochenlangem Horror-Trip. Mein Süßer schlief selig am Tisch. Vorher noch Gefühle rauf, runter – Sturzflug – Achterbahn des Lebens. Turnte ihm noch vor, wie fit ich bin – das bei zweifachem kompliziertem Bandscheibenvorfall in den Lenden seit 1,5 Jahren. Bei der Frage, ob ich auch noch ein Rad mit Spagat schlagen solle, lehnte er erschrocken ab und sagt, ich solle mich nun endlich mal setzen.

An diesem Abend fiel ich einfach, ohne es zu spüren von meinem Lieblingsstuhl, bei Lieblingsmusik und meiner großen Liebe. Ein großes Loch. Ich weiß NICHTS mehr.

Alles Weitere kann ich nur nach Erzählungen wiedergeben.

Mein Freund holte sofort meinen Mitbewohner zu Hilfe, der mein bester Freund ist und gemeinsam haben sie mich zirka 40 Minuten lang immer wiederbelebt, bis der Notarzt eintraf. Da zu diesem Zeitpunkt viele Staus in

Stuttgart waren – schwarzer Donnerstag – Stuttgart 21 lacht. Ich kam dafür sogar in die Bildzeitung, zwar verlogen und verdreht, vor allen Dingen aber makaber. Für nichts und ohne Achtung des Persönlichkeitsrechts.

Zum Glück hatte ich Schutzengel an meiner Seite, die dafür sorgten, dass ich dann mehrmals reanimiert werden konnte, ohne großen Schaden genommen zu haben. Zumindest im Gehirn. Wahnsinnige Schmerzen im gesamten Rippenbereich – im Nachhinein wurden drei Rippenbrüche festgestellt –, von fünf Ärzten fünf verschiedene Medikamente, einschließlich Psychopharmaka unter Zwang, aber ich Polytox? Wahnsinnige Schuldgefühle meinen Liebsten gegenüber, ihnen allen so was anzutun. Und doch bin ich dankbar, noch hier zu sein und werde daraus meine Lehre ziehen, für mich und mein weiteres Leben. So kann ich nicht weiter machen, denn laut meiner Ärzte hatte ich nur so viel Glück, weil ich Menschen an meiner Seite hatte, die nicht zusahen, wie ich jetzt endgültig verrecke, sondern einfach um mein Leben kämpften, um es dann in fachgerechte Hände zu legen. Gott sei Dank habe ich das überlebt und werde dafür immer dankbar sein.

Danke meinen zwei besten und liebsten Freunden!

Danke an das Team, alle die mich betreuten im Marienhospital in Stuttgart. Danke der lieben Schwester, die mich in der Kapelle weinen sah und tröstete mit Gottes Worten. Ich bin noch da und werde das Gefühl nicht los, dass es wieder ein Schritt vor und zwei zurück waren – one Step up, sorry Bruce, meine liebe Schwester, Bruder, Kinder, Enkel. Ich wollte dieses Buch mit den Worten meines Freundes und Geliebten Eddy schließen:

Alles fand zum Schluss ein Happy End!

Bruce singt: »Übriggebliebenes und gebrochene Herzen lassen die Welt sich weiter drehen.« Spare Parts.

Zum Glück zweier mutiger Menschen in meinem Leben, die seit vielen Jahren – 17 und 7 – mein Leben begleitet haben, egal wie hoch der Flug oder wie tief der Sturzflug auch immer war. Sonst hätte mein Buch so geendet wie es begann: »Sitze da und lese in der Zeitung: Wieder eine Drogentote.«

So würde es in der Statistik stehen. Doch darunter verbergen sich Geschichten, die uns achtvoll wie vor dem Eingang zur Hölle (Zitat Kafka): »Wenn du vor mir stehst und mich ansiehst, was weißt du von den Schmerzen, die in mir sind, und was weiß ich von deinen. Und wenn ich mich vor dir niederwerfen würde und weinen und erzählen, was wüsstest du von mir mehr als von der Hölle, wenn dir jemand erzählt, sie ist heiß und fürchterlich. Schon darum sollten wir Menschen voreinander so ehrfürchtig, so nachdenklich ... stehen, wie vor dem Eingang zur Hölle.«

Stets innehalten sollten, einfach immer nur den Eingang und selten das Innere sehen zu wollen, das eigentlich Wertvolle, das es für kein Geld der Welt zu kaufen gibt, wahre Liebe und Freundschaft – Gesundheit und Familie – man muss es erleben. Das Motto meiner Liebe und Freundschaft war immer: »Falle ich, wartest du auf mich und fällst du, warte ich auf dich.« (Springsteen Song ›If I should fall behind‹.)

Durch Bruce, und das Magic Phänomen Big Man, mit

beiden hatte ich Touch Berührung, Big Man hatte mich Anfang der 90er Jahre nach einem Gast Saxo bei Peter Maffay hier in Stuttgart vor dem Tourbus auf den Arm genommen mit samt meiner Freundin, diese warmen Lippen spüre ich bis heute und bin dankbar für dieses Erlebnis. Da wurde ich wieder total infiziert. Mich endlich den richtigen Weg, den langen, gehen zu lassen. Doch der Kampf hörte nie auf, wie wir wissen. Der Mensch ist schwach und muss seine Stärke erst finden, immer und immer wieder. Vor allem aber den endlich ehrlichen, gläubigen Weg, der mich wohl irgendwann dann hoffentlich ins Paradies bringt.

DIE ROSE

Liebe ist wie eine Rose, unsere Rose blühte schöner denn je, doch du hast leider vergessen, ihr ehrliches Wasser zu geben. Schmutziges Wasser hätte die Rose nicht verblühen lassen, jedoch sich, das Gegenüber, die ganze schöne Welt mit der Rose vergessen, verraten, belügen, das lässt sie verblühen in einer Sekunde, wie ein Atemzug, wie ein Herzschlag.«

Ich habe das alles verstanden, aber mein Freund kämpft weiterhin gegen den eigenen Absturz, und ich weiß nicht, wie lange ich noch dabei zusehen kann. Er hat mein Vertrauen auf Ehrlichkeit missbraucht, wegen Sucht mir ins Gesicht gelogen nach drei Tagen Himmel – und von einer Sekunde zur anderen die Hölle. Mich hintergeht man nicht so, ein blöder Zufall hat die Wahrheit gezeigt. Sein Pech, mein Glück, meine Augen sind offen jetzt, ganz weit offen, das kann nicht der richtige Weg für mich sein. Alles aus und vorbei? Egal, ob er es aus Angst vor Konsequenzen oder aus Suchtdruck gemacht hat, frisch entlassen, so steht er vor meiner Tür und ich mach ganz weit auf. Solange in seinem Kopf immer noch eine Rückfallquote als Entschuldigung für alles herrscht, ist jede Entgiftung oder Therapie für den Arsch. Egal, das ist sein Problem, darum gehts mir nicht, mir gehts um Ehrlichkeit und Vertrauen. Frei und doch zusammen, wie einfach. Und doch es ging, bis jetzt. Damit hat er mir den ›Point Black‹, den Blattschuss genau zwischen die Augen gesetzt. Wenn man unsere ganze Geschichte gelesen hat, versteht jeder, wie schwer ich mich von ihm lossagen kann. Eigentlich würde ich lieber sterben, vorher, doch das hatten wir ja schon. Mir reicht's. Da hat er mich gerettet, doch jetzt muss er sich selbst retten. Ich kann nicht mehr und darf nicht mehr. Mein Leben kann jetzt schon allein krankheitsbedingt nur noch ›Nein zur Droge‹ heißen, ob mit oder ohne sein Dasein. Gegen die Droge stehe ich machtlos an seiner Seite bis heute. Er hat gesagt, unsere Geschichte oder Liebe soll ein gutes Ende nehmen, Entschuldigung angenommen. Vorerst. Ohne Kompromiss. Ob er es schafft? Ich weiß es nicht mehr, kann keine Rücksicht mehr walten lassen, das Leben, das ich Gott sei Dank auch unserer Liebe wegen wieder leben darf mit guten Aussichten, vielleicht doch älter zu werden als ich immer im Gefühl hatte, denn das hat sich seit meiner Diagnose komplett verändert. Ich will achtvoll auf mich und meine Familie schauen, das ist nicht leicht und jeder Tag ist ein neuer Kampf, ein 24-Stunden-Job. Leider wurde bei mir alles zu spät entdeckt. Hashimoto, Thyreoiditis.

Durch meinen Engel, meine Tochter, die mir jetzt ein zauberhaftes drittes Enkelkind in den Arm gelegt hat. Danke Gott. Das ist Leben. Schwer für uns Hashis, aber immer lohnenswert. Und deshalb sehe ich mein vergangenes und kommendes Leben mit komplett anderen Augen. Musste mich unwissentlich ständig betäuben, um fit zu sein für den Alltag. Ein länger werdender Weg mit

Hormonen liegt vor mir, gehe ihn bereits seit 10 Monaten. Allein die Einstellung wird wohl bis zu zwei Jahre oder länger dauern. Bei mir eigentlich Notschlachtung, doch das ist Blödsinn, wie der ganze Horror mit Krankheit. Sucht kann man leichter abwerfen, Krankheit kommt, bleibt.

Heute muss ich auf alles achten, das fängt bei der Ernährung an und hört und hört nicht auf. Jod ist das größte Gift, doch wo ist das alles drin?! Alles, was für normale Menschen gut und wichtig ist, ist für uns gefährlich und verboten. Bei mir löst Zucker, Kaffee, Schokolade ... Symptome wie unter Tollkirsche aus. Was natürlich ein Witz und gleichzeitig ein Horror ist und war. Ich bin clean und trotzdem passiert es immer wieder. Bin bis heute zwischen den Einstellungen, wenn nichts mehr geht, gezwungen, mit gezielt kleinen Mengen Diazepan und THC zu arbeiten. Unter offener ärztlicher Absprache. Nur geduldet mit Rüge, verschrieben bekomme ich nichts Passendes. Noch. Habe Angst vor Allem. Leider, und Gott sei Dank gebe ich die Hoffnung nicht auf, hoffe, das wird bald wegfallen, keine Abhängigkeit mehr! Und es liegt jetzt nur an mir allein, den langen Weg oder den kurzen, der schnell wieder in die Hölle zurückführt, aus der ich gerade noch raus bin. Und ich kann und will ein Leben auf Dauer nur noch mit Menschen leben, die clean sind. Egal wohin, ob mit Partner oder ohne, meine Liebe zu meiner Familie wird immer größer sein. Und nichts und niemand kann mich davon abhalten, weiter zu kämpfen – jetzt mit meinen ganzen großen und kleinen Beschwerden, die Hashimoto mit sich bringt, ich bin dankbar, werde dafür endlich ein gutes Leben versuchen zu leben. Wenn mein Partner uns wegen Drogen wegschmeißt, schmeiße ich ihn aus meinem Leben. No Surrender. Kein Erbarmen, dann bleiben eben nur noch schöne Erinnerungen. Alles passt, nur die Droge kann uns trennen. Wir wünschten uns ein gutes Ende, nahmen den Kampf auf, wir wollten uns nicht verlieren, das wurde uns oft klar als letzte Chance. Ich habe meine genützt, er ist einfach zu schwach. Werde weiterhin bisschen gaga, Springsteen verrückt, voller Liebe mich meinen Forderungen stellen, die ein cleanes Leben verlangt. Aber es lohnt sich, sonst hätte ich mein mir neu geschenktes Leben nicht verdient, stehe an einem neuen Anfang, habe jetzt bald drei Jahre Therapie nach der Therapie hinter mir und fühle, es wird sich noch einiges im Weiterhin ändern. Hauptsache, alles wird gut. Aber schlimmer geht immer, alte Weisheit.

An meiner Seite steht bis heute und seit elf Jahren unser Verein, bei dem ich seit zwei Jahren einen 1,50-Euro-Job mache, wo ich auch lebe, wohne, liebe, menschliches Mitglied mit Ehrenamt bin und einfach gut aufgehoben. Der Verein – eine Zusammenarbeit aus eigener, ausgezeichneter, vorbildlicher Bürgerinitiative, Arbeitsamt, sozialem Arbeitgeber, Staatsanwaltschaft und so weiter. Das Projekt nennt sich noch ›Arbeit statt Drogen‹, sie machen Möbelrestaurationen. Für mich ist dort seit Ende 2011 aus gesundheitlichen Gründen Schluss.

Leider soll das Projekt nun abgeschafft werden, es werden Plätze gestrichen, Geld ist für solche Projekte nicht mehr da, oder besser gesagt immer weniger. Der

Verein muss sich selbst aus Arbeit tragen und das wird ohne öffentliche Unterstützung von Amtswegen immer schwieriger. Traurig, dass in unserer Gesellschaft gerade solch sehr wichtige Einrichtungen zu wenig Unterstützung bekommen. Viele Menschen, die froh sind, durch uns wieder einen Weg, durch Arbeit und soziales Engagement von unserer Seite her, ihre Arbeitsstrafstunden ableisten zu können. Das sind Hilfskräfte, die über die Staatsanwaltschaft zu uns kommen mit all ihrem Elend. Und das wird aufgefangen durch einen tollen Schreiner, der die Menschen gerne bei uns arbeiten lässt. Viel Handarbeit, ökologisch rein werden liebevoll die ältesten Möbel – zum Teil aus dem 17. Jahrhundert – zum Schmuckstück restauriert. Biologisch, ökologisch – das macht Spaß, aus alt mach neu, ich habe meinen richtig guten Anfang hier gefunden.

Und möchte mit diesem Buch unser soziales Projekt unterstützen. Dank an dieser Stelle an alle Beteiligten und ganz besonders an Frau Dr. Dorn, Gründerin, ohne deren soziales Engagement viele Leben verloren gewesen wären, und ganz besonders auch meins, einige sind gefallen, aber mehr sind wieder aufgestanden.

Initiative Schellack e.V.

Zitat aus der Bibel:

»Geliebt wirst du nur dort, wo du Schwäche zeigen kannst ohne Stärke zu produzieren.«
Ganz besonders möchte ich mich hier an dieser Stelle bei

meiner über alle Jahre hinweg einzigartig tollen Nachbarschaft bedanken. Die mich so, oft laut, einfach wie ich bin angenommen hat. Vor über zehn Jahren war es eine liebevolle Karte und eine Flasche Saft, die mich von der ersten Sekunde an hier und das zum ersten Mal in meinem Leben, ich ganz fremd, mit offenen Herzen zum Glauben, zur Hoffnung stets begleitet hat. Tolerant, großherzig, einzigartig.

So sollte es sein, doch ich weiß leider, dass die Welt um uns herum weint. Und wenn ich mit diesem Buch wenigstens ein paar Menschen erreiche, und im Herz richtig ankommt, solche Menschen wie mich anzunehmen, habe ich mein Ziel erreicht.

Nachwort!

Das macht Ina Kamikaze heute:

Dank der Hartnäckigkeit meiner Tochter endete vorerst alles gut beim Schilddrüsenspezialisten, keine Psychologen mehr. Außer der Hilfe, die ich hier ehrenamtlich und auf freundschaftlicher Basis zum Glück erhalte. Dank meiner Süßen. Sie weiß, wer gemeint ist. Keine Heilung, aber Hoffnung, die bleibt.

Im Krankenhaus hieß es leider, ihre Schilddrüsenwerte sind im Normbereich, bekam ein Psychopharmaka verpasst, das ich sofort nach Entlassung absetzte. Mit guten Worten wie: »Gehen Sie zur psychischen Weiterbehandlung!« Quasi bin ich halt irgendwann an meinen Drogen durchgeknallt. Meine Kleine glaubte das alles nicht, sie hat auch Hashimoto und einen zehnjährigen Irrlauf bei Ärzten hinter sich, bis zur (Fehl?)Diagnose MS. Hashimoto ist eine Autoimmunerkrankung und vererbbar von Mutter zur Tochter oder auch zum Sohn. Sie schrieb die sogenannten Normwerte aus einem Buch von Laborberichten ab und legte sie ihrem Arzt vor. Zum Glück nahm er mich sofort in Behandlung wie einen Ball, den man auffängt. Danke meinem Arzt.

Hashimoto-Thyreoiditis, Schilddrüse kaputt. Kein Volumen mehr. Der kleine Schmetterling lässt seine Flügel hängen. Und die regelt alles, steuert den gesamten Körper, das bedeutet viel Schmerz und Leid, seelisch, psychisch und vor allem körperlich. Eine Krankheit, die leider die wenigsten Ärzte erkennen, bei mir waren es geschätzte 40 an der Zahl. Eine Krankheit mit erschreckenden Symptomen, die auf andere wie ›Wahnsinn‹ wirkt mit Auswirkungen wie auf Dauerentzug. Bei mir zeigte sich das alles erst, nachdem ich verzweifelt versucht habe, clean zu werden, und kam dabei dem Wahnsinn immer näher, Schmerzen über Schmerzen. Keine Tollkirschen, über zwei Jahre lang, sondern Schübe, die unter Fehleinstellung entstehen. Ich hatte ja keine Ahnung, was ich habe. Mein Herz hat das alles irgendwann nicht mehr ausgehalten. Egal, ob mit oder ohne Droge, ich wäre irgendwann einfach tot umgefallen. Es lässt sich damit leben, mal schlechter, mal besser!

Und es wurde leider alles immer schlimmer. Hashimoto hat Symptome wie Karpaltunnelsyndroml das heißt nachts taube Hände und Arme und gleichzeitig wahnsinnige Schmerzen. Trage deshalb nächtlich links und rechts Schienen. Tagsüber geht arbeitstechnisch körperlich nichts mehr.

Chronisches Erschöpfungssyndrom.

Dann zieht es in der Schulter, mein linker Arm kaum bewegbar, Schmerzen in der Achsel, im Gelenk. Gelenkarthritis, chronische Schleimbeutelhaut-entzündung in der Schulter. Bleibt, inoperabel. Wieder Schmerztherapie über ein Jahr, Ärzte hilflos. Steigerung noch möglich, ganz plötzlich zieht der Schmerz zusehends in Hals, Nacken, Schädeldecke, bis in die Augen. Beide Schultern, die Sehnen dazwischen, speziell bis in den gesamten

Halswirbel – Wirbelsäule – bis zum untersten zweifachen Lendenwirbelbandscheibenvorfall. Kann schon nicht mehr sagen, wie ich mich fühle. Panik, und doch ich gehe zum Arzt, von dort in die Röhre, kriege die Diagnose wie vor eineinhalb Jahren – chronische Schleimbeutelhautentzündung, muss man lernen, damit zu leben. Schmerzen und viel Krankengymnastik, wie verrückt, doch es wird immer schlimmer. Also wieder zum Orthopäden. Diagnose, offen knallhart ins Gesicht nach Röntgen: »Bandscheibenvorfälle C5–C7 verknorpelt, inoperabel, chronisch, bleibt.« Im Hals, das hat mich so erschreckt, das ich meinen Arzt fragte, ob denn mein Kopf einfach abfallen könne? Worauf er seit langer Zeit mal wieder lachte und meinte: »Dann haben Sie auch keine Sorgen mehr.«

Wieder leichte Schmerztherapie. Eigentlich müsste ich starke Medikamente wie aus der Gruppe Benzodiazepine z.B. Diazepan, Tetrazipan zur Muskelentspannung nehmen. Ich kann nichts nehmen, was mir meine Schmerzen ganz nimmt, und süchtig will ich nicht mehr sein. Kleinste Dosen, das heißt höchstens eine Tablette am Tag, wovon andere das Fünffache nehmen können. Ich vertrage kaum etwas wegen meiner Schilddrüse, sie ist meine rote Ampel, Glück und Trauer zugleich. Das heißt für mich jetzt unter dem Strich so was wie ›Totalschaden‹.

Cervicobrachialgie, davon spricht man, wenn von der Halswirbelsäule ausgehende Schmerzen in den Arm ausstrahlen. Bei mir beidseitig. Neurologisch: Schulter-Arm-Syndrom. Therapie, Schmerzmittel, Bewegung, Bewegung, auch wenn es zum Schreien ist. Das ganze Paket wird mir bleiben solange ich noch lebe. Arbeiten, körperlich? Ende? Invalidität? Arbeitsprogramm nur noch aus psychischen Gründen. Hintergrundarbeit, schriftliche, leichte Tätigkeiten, unbelastbar. Vermutlich bleibe ich aus Gnade und der Freude daran, trotz allem täglich gefordert zu sein. Betreue auch noch meinen besten Freund, der schwer daniederliegt, und wir sind immer füreinander da. Das brauche ich. Und werde darum kämpfen mit eiserner Disziplin, auch weiterhin in Bewegung bleiben, tanzen, Gymnastik, gesunde Ernährung, soweit ich es mir leisten kann, heilendes Steinwasser trinken, alles werde ich dafür tun.

Unsere große Liebe ist leider bis jetzt an der Sucht, dem Teufel Heroin zerbrochen. Mittlerweile habe ich ›normale Schmerzmittel‹, die ich genauso nur noch selten und minimal einsetze. Benzo, THC, Nikotin – alles muss weg und weg bleiben, egal wie groß das Leid auch ist. Freude kommt von innen und es liegt in unseren Händen, Glücksgefühl zu spüren und zuzulassen. Es lindert alles mit der Zeit. Für die danke ich Gott. Ich musste mich lösen, schweren Herzens auf unbestimmte Zeit, weil ich mich für mich selbst und meine Gesundheit entschieden habe. Er will kämpfen um uns. Schlechte Gefühle machen mir Schmerzen und oft bin ich ein einziger Schmerz, habe nicht mehr die Kraft zu tolerieren, warum er lieber die Hölle wählt. Für mich bleibt sowieso nur Hölle, ohne ihn ebenso wie mit ihm und seiner Droge, die über alles siegt. Sehr schade und auch kaum verständlich für nicht süchtige Menschen. Die Psyche ist unsere innere Uhr! Auch für meine Kinder, die ihr Leben gut im Griff haben mittlerweile, meinen drei Enkeln werde ich gerne dabei zusehen und für alle da sein, bis sie hoffentlich glücklich heranwachsen. Oma ist noch da und immer noch voller ungestümem Tatendrang, lebenshungrig, liebeshungrig. Hauptsache man ist endlich angekommen am Ende des Tunnels, weiß, wo man steht und sieht wieder Licht, vollkommen neues Leben. Trotz allem. Ich habe es gefunden, und danke meiner Familie dafür.

Meiner Liebe will ich nur noch das eine sagen: Wenn alles Greifbare schwindet, bleibt man nur noch selbst. Zwei selbst ohne alles nur mit sich, wird irgendwann ein eigenes ›Ich‹. Wann sind wir Ich und Ich? Wenn nur noch die Liebe ist, was bleibt, für die Ewigkeit.

Eure Ina Kamikaze

Impressum

Ina Kamikaze
Im freien Fall
Wagnis Leben
Erzählung

1. Auflage • Oktober 2014
ISBN Buch 978-3-95683-040-2
ISBN E-Book PDF 978-3-95683-041-9
ISBN E-Book epub: 978-3-95683-111-9

Korrektorat: Ulrike Rücker
ulrike.ruecker@klecks-verlag.de
Umschlaggestaltung: Ralf Böhm
info@boehm-design.de • www.boehm-design.de

© 2014 KLECKS-VERLAG
Würzburger Straße 23 • D-63639 Flörsbachtal
info@klecks-verlag.de • www.klecks-verlag.de

Alle Rechte vorbehalten. Das Werk ist urheberrechtlich geschützt. Jede Verwertung und Vervielfältigung – auch auszugsweise – ist nur mit ausdrücklicher schriftlicher Genehmigung des Verlages gestattet. Alle Rechte, auch die der Übersetzung des Werkes, liegen beim KLECKS-VERLAG. Zuwiderhandlung ist strafbar und verpflichtet zu Schadenersatz.

Alle im Buch enthaltenen Angaben wurden vom Autor nach bestem Wissen erstellt und erfolgen ohne jegliche Verpflichtung oder Garantie des Verlages. Der Verlag übernimmt deshalb keinerlei Verantwortung und Haftung für etwa vorhandene Unstimmigkeiten.

Bibliografische Information der Deutschen Nationalbibliothek: Die Deutsche Nationalbibliothek verzeichnet diese Publikation in der Deutschen Nationalbibliografie; detaillierte bibliografische Daten sind im Internet über http://dnb.d-nb.de abrufbar.

Unsere Leseempfehlung ...

Christel Helff
Achterbahn meines Lebens
Biografie Karl-Heinz Helff

Taschenbuch • 308 Seiten
ISBN Buch: 978-3-944050-09-6
ISBN E-Book PDF: 978-3-944050-10-2
ISBN E-Book epub: 978-3-95683-187-4

Ob bei Zusammenkünften mit alten Freunden oder der Familie – auf allen Feierlichkeiten ist sie zu hören, die Frage:

»Wääsche noch, wie domols ...?«

... und kaum gestellt, entbrennen – vor allem bei der älteren Generation – stundenlange Diskussionen und Erzählungen über längst vergangene Zeiten. Ein nicht enden wollender Schatz an Erinnerungen lebt in jedem von uns, und beginnen wir sie zu erzählen, erwarten uns und unsere Zuhörer gemütliche, unterhaltsame, mitunter lehrreiche Stunden.

Christel Helff schrieb die Erlebnisse ihres Mannes nieder und schildert seine ganz persönlichen Geschichten – aus leichten und auch schweren Kindertagen, Skurriles, Schönes, Lustiges, aber auch Trauriges.

Unsere Leseempfehlung …

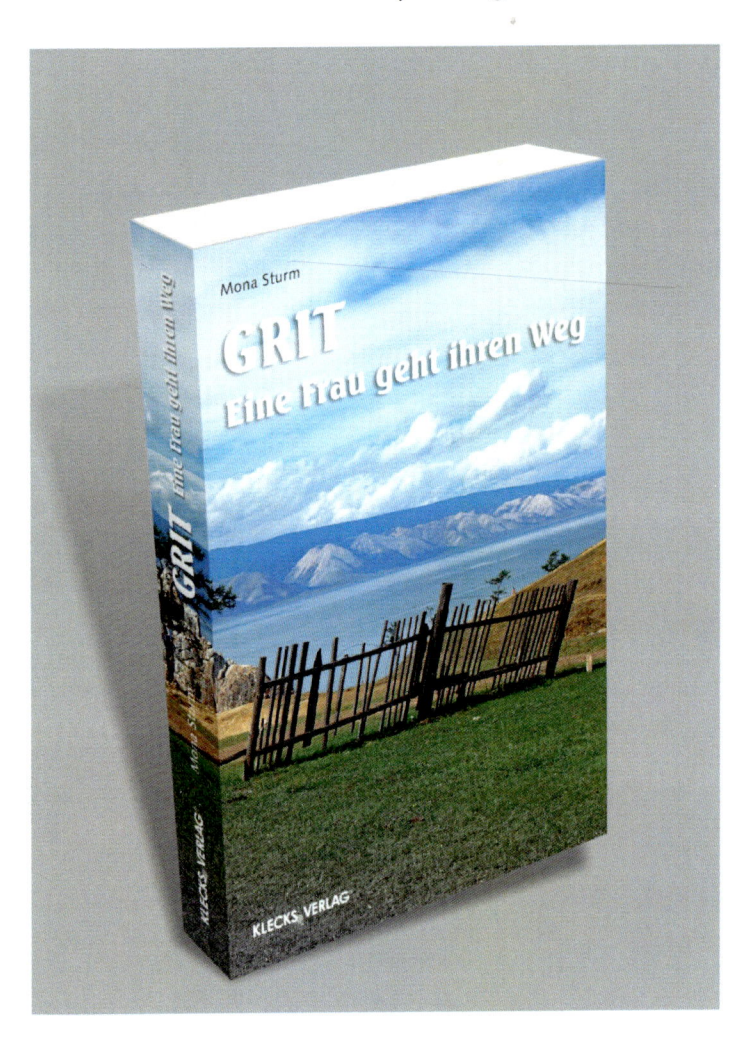

Mona Sturm
GRIT
Eine Frau geht ihren Weg

KLECKS VERLAG

Mona Sturm
Grit
Eine Frau geht ihren Weg
Roman

Taschenbuch • 284 Seiten
ISBN Buch: 978-3-95683-008-2
ISBN E-Book PDF: 978-3-95683-009-9
ISBN E-Book epub: 978-3-95683-115-7

Erinnerungen …

… stark und unvergessen, lebendig und nicht immer glücklich.

Eine schlaflose Nacht lässt die Rentnerin Grit ihr Leben noch einmal Revue passieren. Getrieben von innerer Unruhe huschen die Gedanken an Kindheit, an Schul- und Studienzeit in der DDR durch ihren Geist. Sie will sie einfangen, festhalten – und beginnt zu schreiben … Die Geschichte ihres Lebens, ihrer verbotenen Liebe zu einem jungen russischen Unteroffizier, ihres Daseins auf dem russischen Dorf bei ihm und seiner Familie, das für die junge Frau und ihren kleinen Sohn schwerer wird, als sie gedacht hatte …

Empathisch und gedankenschnell erzählt Mona Sturm vom Leben einer Frau, die aller Widrigkeiten zum Trotz ihren Weg geht.